J.-M. TURPIN

ANNE-TOUSSAINT

De Volvire de Ruffec

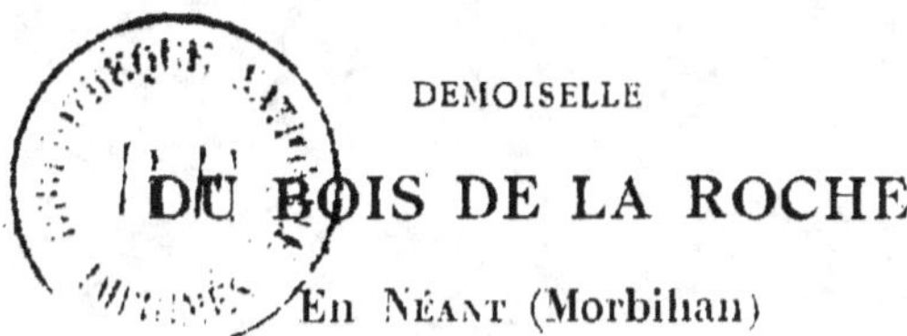

DEMOISELLE

DU BOIS DE LA ROCHE

En Néant (Morbihan)

SA VIE — SES ŒUVRES — SA VÉNÉRATION

NANTES

LANOE-MAZEAU, LIBRAIRE

2, Haute-Grande-Rue

1906

ANNE-TOUSSAINTE DE VOLVIRE DE RUFFEC

en prière devant l'autel de N.-D. de Kernéant
au moment où son père y entra

ANNE-TOUSSAINTE

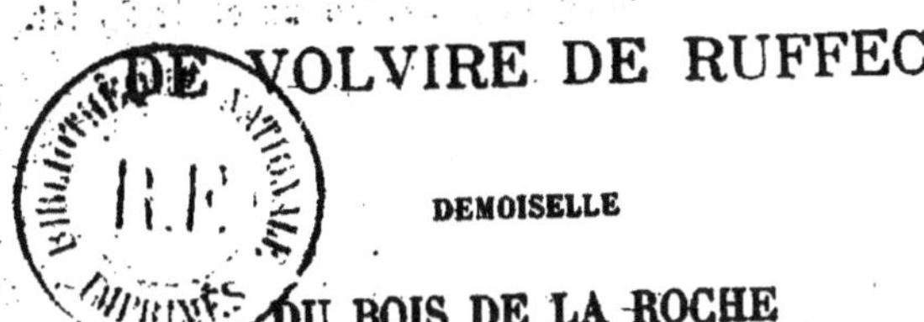

DE VOLVIRE DE RUFFEC

DEMOISELLE

DU BOIS DE LA ROCHE

IMPRIMATUR

25 avril 1906

† FRANÇOIS,

Evêque de Périgueux et de Sarlat.

A LA MÉMOIRE

du vénérable

ABBÉ JEAN-MARIE-ROBERT DE LA MENNAIS

Fondateur

des Frères de l'Instruction chrétienne de Ploërmel

et des Sœurs de la Providence de Saint-Brieuc

DÉCLARATION DE L'AUTEUR

Pour obéir aux décrets du Pape Urbain VIII et des autres Souverains Pontifes, nous protestons que nous ne prétendons point attribuer le titre de Sainte ni de Bienheureuse dans la force des termes, à Mademoiselle Anne-Toussainte de Volvire de Ruffec, demoiselle du Bois de la Roche, dont nous écrivons la vie, et que nous ne demandons de ceux qui nous liront qu'une foi purement humaine.

J.-M. TURPIN

ANNE-TOUSSAINTE
DE VOLVIRE DE RUFFEC

DEMOISELLE

DU BOIS DE LA ROCHE

En Néant (Morbihan)

SA VIE — SES ŒUVRES — SA VÉNÉRATION
1653-1694

NANTES

LANOE-MAZEAU, LIBRAIRE
2, Haute-Grande-Rue

1906

A NOS LECTEURS

L'introduction du christianisme en Bretagne, au
IIIe siècle, et la division de l'Armorique en évêchés
et en paroisses, firent naître le besoin d'églises; ce
besoin amena la nécessité d'en bâtir; de même que
la féodalité rendit les châteaux nécessaires. L'institution des corporations ouvrières vint s'ajouter, en
réparant les vieilles chapelles, au système frairien
établi sur les ruines du druidisme.

Les souverains Bretons, ayant souvent besoin des
Papes pour résister aux projets ambitieux de la
France et de l'Angleterre, furent plus soumis que
ces deux puissances aux volontés des Souverains
Pontifes; aussi la Bretagne fut-elle mise par les
Papes au nombre des pays d'obédience. La Pragma-
tique Sanction n'y fut pas reçue, et le concordat de
1517 n'y fut exécuté que longtemps après l'*union* de
la Bretagne à la France. Vers 1765, l'esprit révolutionnaire y fut introduit par Rennes, sa capitale.

C'est dans ce dernier temps, appelé l'Ancien Ré-
gime, que vécut l'héroïne Bretonne dont nous entre-
prenons la Vie, et c'est sur un petit coin de terre,
appelé Néant, qu'une pieuse jeune fille, aussi humble
qu'elle était illustre, s'entoura d'une auréole de
sainteté. Elle se nommait Anne-Toussainte de Vol-

vire, demoiselle du Bois de la Roche, et descendait des maisons de Thouars, de Montauban, de Volvire, de Ruffec, du Fresnay, etc. De son vivant, cette terre du Bois de la Roche était du diocèse de Saint-Malo en Bretagne (anc⁰ Armorique) ; aujourd'hui elle est réunie à l'évêché de Vannes.

Pour écrire sa vie, nous avons fait appel à nos devanciers tant religieux que profanes ; nous nous sommes inspiré de leurs écrits, pénétré de leurs pensées, et nous avons pu reconstituer ainsi la physionomie de notre héroïne. Parmi les auteurs encore vivants que nous avons consultés figurent le chanoine Le Menée, le marquis de Bellevue, le comte de Palys, le vicomte H. de la Messelière, qui font mention de Mlle du Bois de la Roche dans divers ouvrages d'un grand mérite.

Quant aux morts, un seul au xviii⁰ siècle nous a fourni un opuscule in-18 de 36 pages ; au xix⁰, nous nous sommes inspiré de l'abbé Carron dans *Vies des Justes*, de l'abbé Tresvaux du Fraval dans *Vies des Saints de Bretagne*, de l'abbé Piederrière, un in-12 de 60 pages, de Em. de Condé, de Cayot-Délandre, etc.

De plus, comme toujours en pareil cas, nous avons également consulté la Tradition ; et, après deux siècles passés, le peuple, à la mémoire fidèle, nous apporte un puissant témoignage. Les robustes chrétiens de Néant et des environs, je dirai de toute la contrée, n'ont cessé d'implorer Mlle du Bois de la

Roche, de la canoniser même comme aux premiers siècles de l'Eglise. De nos jours encore, elle demeure pour tous une protectrice et une avocate auprès du bon Dieu.

Pour permettre au lecteur de nous lire avec plus de facilité et soutenir mieux son attention, nous avons divisé notre travail en deux parties. Dans la « première partie », nous parlerons de l'*origine* de Mlle du Bois de la Roche ; et pour que rien ne manque à cette étude, nous la divisons en plusieurs chapitres et paragraphes où nous traitons successivement, au chapitre 1er, du château et du comté du Bois de la Roche, du château seul, des châtelains successifs, de la naissance de Mlle Anne-Toussainte, etc. Dans la « deuxième partie », également divisée en chapitres et en paragraphes, nous parlerons de sa vie *pieuse* et *laborieuse*.

Pure fleur de notre bien-aimée Bretagne, Anne-Toussainte de Volvire, éclose dans nos forêts, parmi les bruyères, rayonnant partout et toujours de bonté et de charité, il nous a semblé, qu'après deux siècles d'obscurité, il était temps de te cueillir pour respirer ton parfum et le faire respirer au peuple chrétien.

ANNE-TOUSSAINTE

DE VOLVIRE DE RUFFEC

DEMOISELLE

DU BOIS DE LA ROCHE

PREMIÈRE PARTIE

CHAPITRE PREMIER

ORIGINE DE ANNE-TOUSSSAINTE DE VOLVIRE. — LE CHATEAU ET LE COMTÉ DU BOIS DE LA ROCHE. — LE CHATEAU SEUL. — SES CHATELAINS SUCCESSIFS. — SA NAISSANCE. — SES FRÈRES ET SES SŒURS.

§ Ier. CHATEAU ET COMTÉ (1).

Le château du Bois de la Roche est situé, environ, à 4 kilomètres du bourg de Néant, au N.-O., par 48 mètres d'altitude. De là, l'œil embrasse un magnifique horizon au S.-E. sur la féérique forêt si célébrée dans le vieux temps, la forêt de Brécilien

1. Extrait de l'Histoire de la Sénéchaussée de Ploërmel par le marquis de Bellevüe (art. sur Néant), dû à son obligeance.

ou Bréciliande, appelée de nos jours la Forêt de Paimpont. La seigneurie, dont le château était le chef-lieu, était très importante. Sa juridiction s'étendait sur les paroisses de Néant, de Campénéac, de Guilliers, de Mauron, de Saint-Brieuc-de-Mauron et de Tréhorenteuc, dont les châtelains du Bois de la Roche étaient fondateurs et prééminenciers. Elle avait droit de haute-justice, avec auditoire, prisons, cep et collier, fourches-patibulaires à quatre piliers, four à ban et halles, de quintaine ou de soule qui se couraient chaque année dans la grande cour du château du Bois de la Roche, aux bourgs de Néant, de Saint-Brieuc-de-Mauron et de Tréhorenteuc. Elle avait aussi droit d'enfeu d'ancienneté au chanceau de l'église paroissiale de Néant ; enfeu et chapelle Notre-Dame de Recouvrance dans l'église des Pères Carmes de Ploërmel, fondés en 1500 par Philippe de Montauban. Elle possédait, les moulins à eau du Bois de la Roche et de Trémel, et à vent, celui de Néret ; les métairies de la Saudraye, du Vauserin, des Portes de la Giraudaye, le tout comprenant environ 600 hectares de terres ; enfin, dix-huit rôles ou baillages, répartis entre les fiefs de haute-justice du Bois de la Roche, de Crancelin et du Binio, et rapportant annuellement environ 300 livres argent, 192 boisseaux de froment rouge, 139 boisseaux d'avoine, 7 boisseaux de seigle, 139 poules ou chapons et une paire de gants.

Les châtelains du Bois de la Roche étaient en outre seigneurs fondateurs et prééminenciers des

Château du Bois de la Roche, au xviie siècle dominé par Notre-Dame de Kernéant, en Néant

chapelles de Notre-Dame de Kernéant (1), de saint Fiacre de Boisbily, en Néant ; — de sainte Catherine, en Mauron ; — de saint Uhel de la Chesnaye, de sainte Suzanne de Crancelin, de saint Julien de Riolo, de Saint Barthélemy du Boueix, de Notre-Dame de Carnabet, en Guilliers ; — et de saint Nicolas du Binio, en Augan.

La seigneurie du Bois de la Roche, châtellenie d'ancienneté, faisait partie primitivement du comté de Porhoët ; elle fut érigée en bannière en 1451, en faveur de Guillaume de Montauban ; en vicomté en 1517, en faveur de Philippe de Montauban ; en comté en 1607, en faveur de Henri de Volvire.

§ II. Chateau du Bois de la Roche.

Le château du Bois de la Roche s'élevait primitivement auprès du village actuel de Saint-Guisnel ; il fut reconstruit, à la fin du xve siècle, par Philippe de Montauban, le fameux chancelier de la duchesse Anne de Bretagne, à un kilomètre à l'ouest du vieux château, dont les ruines existaient en 1681. Il dressait, sur une colline dominant la rivière du Duc ou de l'Yvel (2), sa masse imposante, flanqué de

1. Notre-Dame de Kernéant est une chapelle frairienne (voir p. 60).

2. Doift. Le Dr A. Fouquet appelle ainsi l'Yvel canalisé qui débouche au N.-E., sert de lavoir pour les villages des Portes de la Giraudaye, de Cisséac, etc., fait mouvoir le moulin du château, se jette dans l'Yvel, d'où il est sorti, vis-à-vis de la forteresse ; anciennement il coulait sous les ponts-levis, remplissait les douves de fortification.

neuf tours à créneaux et à mâchicoulis, entouré de
murailles et de douves profondes. Ces tours, comme
le château, avaient été construites à la fin du
xvᵉ siècle. Au milieu de l'aile sud, donnant sur la
cour d'honneur, se trouvait une chapelle dédiée à
sainte Anne. Cette splendide chapelle gothique se
faisait remarquer par son clocher de granit surmonté d'une croix, également de granit. La façade
en était du meilleur goût (1). Enfin, tout autour, à
une demi-lieue environ, s'étendait un parc boisé
et clos de murs d'une contenance de 150 hectares.

Cette place fut prise par les Ligueurs, en 1592.
Sous les ordres de MM. d'Arandon, barons de Lan-
nion et de Camors, ils pillèrent les archives, brû-
lèrent les bois, et en confièrent la garde au baron
de Camors; ils disposèrent de cette forteresse jusqu'au mois de mai 1598.

A l'époque de la Révolution, le 15 novembre 1789,
un détachement de la Milice de Ploërmel envahit et
pilla le château, et en rapporta à Ploërmel dix-sept
obusiers ou autres pièces d'artillerie, et un baril de
poudre. Un arrêté du Directoire du département du
Morbihan en ordonna, le 1ᵉʳ mai 1793, la démolition,
afin d'empêcher que cette place ne servît de re-
retraite aux Chouans. Le district de Ploërmel, sur
le rapport de M. Boullé, ingénieur des ponts et
chaussées, se contenta alors de faire abattre une
partie des murs d'enceinte et deux des neuf tours.
Mais, sur une nouvelle décision du Directoire, les

---

1. Les débris de cette chapelle servent d'ornements au portail d'honneur actuel au château du Bois de la Roche.

citoyens Landormy, Pailler et Boullé durent, le 15 mai suivant, renverser les autres tours, détruire les plates-formes, combler les douves et achever de démolir les murs de clôture. Enfin, peu de temps après, à la suite d'un combat livré, près de là, contre les Bleus par les troupes de Jean Jan et de M. Pierre de Saint-Pern de Couëllan, les Républicains incendièrent une des ailes du bâtiment.

Après les troubles révolutionnaires, le château fut en partie relevé de ses ruines, vers 1825, par le propriétaire M. Magon de la Ballue. Il présente encore un aspect féodal et grandiose, bien qu'il ne reste plus qu'une seule des neuf tours bâties par Philippe de Montauban. Il est aussi dans ce coin de terre de la paroisse de Néant toute la poésie des temps passés. Devant ce témoin de tant de choses évanouies, le touriste comme le poète laissent aller leur imagination et ressuscitent tout un monde chevaleresque : chevaliers et nobles dames, tournois, joyeux sourires, tout revit dans leur pensée. Ils tressaillent parfois, car c'est ici qu'après les travaux militaires maints guerriers de première valeur, se reposèrent dans des fêtes de famille.

Mais ce repos, quoique charmé par les images de la guerre, pesait vite à la nature ardente et farouche de ces guerriers. Le printemps revenu, de même que les marins reprennent la mer, ces guerriers remontaient leurs chevaux de bataille et, avec leurs campagnons d'armes, s'en allaient vers le péril, poussés par un irrésistible besoin d'action, par leur passion des armes.

§ III. Chatelains du Bois de la Roche.

La châtellenie du Bois de la Roche donna son nom à une des branches de la famille des d'Anast, seigneurs de Maure, qui la portèrent, vers 1280, aux du Breil. Elle vint ensuite, par alliances successives, des du Breil aux de Montauban en 1306 ; — des de Montauban, aux de Volvire en 1530 ; — des de Volvire aux de Saint-Pern en 1751 ; — les de Saint-Pern l'ont portée après la Révolution aux Magon de la Ballue, lesquels l'ont vendue vers 1887 à M. Ange Bossard, ancien marchand de bois à Rennes.

Nous allons donner une courte notice généalogique de ces différents châtelains.

Le Bois de la Roche appartenait au XIIIᵉ siècle à une famille, dite « du Bois de la Roche », et dont le nom patronymique était, je crois, d'Anast. Ces d'Anast étaient seigneurs de Maure, et s'armaient : « d'or à la croix engrelée de sable, cantonnée de quatre étoiles de même ».

Hervé du Bois de la Roche fut témoin, en 1288, d'acte d'accord entre le vicomte de Rohan et Hervé de Léon.

Sa fille qui fut *Denise*, dame du Bois de la Roche, du Boisbasset, du Bois d'Anast, de Launay, épousa en 1283 Guillaume du Breil, d'une famille du pays de Dinan, encore existante, et qui s'arme « d'azur au lion d'argent ». Guillaume du Breil n'eut qu'une fille qui fut Amice du Breil.

Cette *Amice du Breil*, était dame du Bois de la Roche, du Boisbasset, du Bois d'Anast, de Launay, de Vauvert, du Breil. Elle épousa, vers 1306, Renaud de Montauban, chevalier, seigneur du Binio en Augan, du Couédor en Guer, du Rox en Mauron, et d'Iro-douër, second fils d'Olivier II de Montauban et d'Olive de la Soraye. La maison de Montauban est issue en juveignerie des Rohan, vers 1180, et s'armait « de gueules à sept mâcles d'or, au lambel à quatre pendants d'argent » (1). — L'arrière petite-fille de Renaud de Montauban, Marie de la Planche, dite « de Saint-Denoual », dame du Bois de la Roche, de Binio, etc. (de la Planche de Saint-Denoual : « de gueules à dix billettes d'or »), épousa en 1405 son cousin Robert de Montauban, seigneur de Gonneville, dont est issue à la ıv^e génération, Catherine de Montauban, dame du Rox, de Château-Tro, de Bédée, vicomtesse du Bois de la Roche, baronne de Gonneville, de Sens et de Saint-Brice-en-Coglès, dame du Binio, du Couédor, etc. Cette demoiselle épousa, en 1516, René de Volvire, cheva-lier, baron de Ruffec et de Fresnay, seigneur de la Rocheservière (p. 147) qui s'armait : « burelé d'or et de gueules de dix pièces » (2).

1. Pour la descendance de Renaud de Montauban et de Robert de Montauban, voir « *Maison de Montauban* », par X. de Belle-vüe, in-8º, chez Simon et Cie, à Rennes.

2. Famille de Volvire de Ruffec de Fresnay en Plessé et de la Roche-Hervé en Missillac, évêché de Nantes (Pièces Justificati-ves, nº 1, à la fin du volume).

René de Volvire, vicomte du Bois de la Roche, veuf en 1535, épousa en secondes noces Perrine de Solignac, dont il n'eut pas de postérité. Il fut inhumé dans l'église des Pères Carmes à Ploërmel, à la chapelle et enfeu du Bois de la Roche. Il avait eu de Catherine de Montauban, entre autres enfants :

Philippe de Volvire, créé marquis de Ruffec en 1577, vicomte du Bois de la Roche, baron de Sens et de Saint-Brice en Coglès, seigneur du Binio, du Couédor, etc., chevalier des Ordres du Roi, lieutenant général d'Angoumois et de Saintonge en 1571, commandant de l'Ordre du Saint-Esprit en 1582, fut l'un des plus ardents chefs ligueurs et surnommé « le fléau » ou « le boucher des hérétiques ». Il fut assassiné à Paris le 6 janvier 1585, et fut inhumé dans l'église cathédrale à Angoulême, où se voit encore son tombeau. Le 2 mai 1558, il avait épousé la belle Anne-Françoise de Daillon, dame du Lude, décédée le 1er novembre 1618 ; cette dame fut inhumée dans la chapelle du Bois de la Roche en l'église des Pères Carmes de Ploërmel. De leur mariage naquit entre autres enfants :

Henri de Volvire, né en 1571 ; il eut pour parrain Henri II de France, fut créé comte du Bois de la Roche en 1607, vicomte de Château-Tro, baron de Saint-Brice-en-Coglès, seigneur du Binio, de Bédée, etc., fut chevalier de l'Ordre du Roi et maréchal de camp en 1627. Son château du Bois de la Roche fut pris par les ligueurs en février 1572 et

PHILIPPE DE VOLVIRE

ANNE DE DAILLON

resta en leur pouvoir sous la garde du baron de Camors jusqu'en 1598 ; son autre château du Binio fut également pris et ruiné par les Ligueurs ; et, comme compensation de ces pertes, le roi Henri IV érigea en *comté*, en 1607, sa vicomté du Bois de la Roche. Il présida l'ordre de la noblesse aux Etats de Bretagne en 1606. Louis XIII le choisit pour remplacer le maréchal de Thémines, dans le commandement de la Bretagne.

Il mourut au Bois de la Roche, en 1645, et fut inhumé le 8 octobre dans sa chapelle en l'église des Pères Carmes de Ploërmel (1). Il avait épousé, en 1616, Hélène de Talhouët de Kerservan, dame de Crémenec, qui mourut, veuve, à Paris, Abbaye-aux-Bois, 1663. De leur mariage naquirent :

1° Anne, baptisée à Néant le 13 janvier 1618, filleule de Jean de Volvire, baron de Saint-Brice-en-Coglès, son oncle, et de Anne-Françoise de Daillon, sa grand'mère. Elle fut religieuse Visitandine au monastère du Colombier à Rennes, supérieure du Séminaire des Filles de la sainte Vierge Marie à Rennes (1689-1691) (2) ;

2° René, baptisé vers 1620, comte du Bois de la Roche, mort sans alliance ;

3° Charles qui suit et dont nous parlerons plus loin ;

4° François, baptisé le 13 mai 1623, qui entra dans la Société de Jésus ;

1. Voir ses funérailles aux pièces justificatives.
2. Voir les Dames Budes, id.

5° Joseph, baptisé vers 1624, également Jésuite ;

6° Hyacinthe, baptisé vers 1625, comte de Ruffec, seigneur de Dréorz, Crémenec ou Kermenec, Keroual, etc., en Priziac, marié à Marie-Ursule Le Rouge, fille de Jean, seigneur de Pennanrun (Finistère). Il mourut à Priziac, en 1680, sans postérité, laissant pour héritier son neveu Joseph de Volvire, comte du Bois de la Roche, qui paya 60 francs d'honoraires à Mᵉ Charles Rouaud, docteur-médecin, pour visites faites à son oncle Hyacinthe.

7° Hélène, baptisée le 26 mars 1628, filleule de Henri de Gondy, duc de Retz, et de Jeanne d'Erbrée, épouse de Jacques de Volvire, baron de Saint-Brice-en Coglès, fut *procuratrice* de l'Hôpital Saint-Yves de Ploërmel, des Dames de' Saint-Thomas-de-Villeneuve à Lamballe et à Paris jusqu'en 1704, fixée à l'Abbaye-aux-Bois, rue de Sèvres, 27, à Paris ; elle y mourut en 1709 ;

8° Alexis, baptisé à Néant le 25 novembre 1629, filleul des seigneur et dame de Laage, sgrs de Rue-Neuve, semble être Religieux Carme (1) à Paris, sous le nom de R. P. Victor, en 1694.

Charles de Volvire de Ruffec, comte du Bois de la Roche, vicomte de Loyat, seigneur du Binio, de Bédée, de Château-Tro, du Rox, de Crancelin, de Saint-Guisnel, de Dréorz, etc., fut baptisé à Néant

---

1. Carmes de Paris. — Monastère fondé par Nicolas Vivien, maitre des Comptes, en 1610, pour quelques RR. PP. Carmes venus d'Italie ; ce monastère de paix et de charité devint un lieu de prison, en 1792, et le 2 décembre, il vit le martyre de trois évêques et 170 prêtres, sans compter maints séculiers.

CHARLES DE VOLVIRE

le 22 janvier 1622. Il fit déclaration du Bois de la Roche, de Crancelin et du Binio à la Réforme du Domaine royal de Ploërmel en 1682 ; il avait vendu la vicomté de Loyat à Louis de Coëtlogon, en 1676. Il mourut au Bois de la Roche et fut inhumé le 27 février 1692, dans sa chapelle de l'église des Pères Carmes de Ploërmel. Il avait épousé dans la chapelle Saint-Joseph du château de Menoray en Locmalo, le 22 septembre 1652, Anne Huteau de Cadillac, demoiselle de Locmalo et de Menoray, fille de Jean et de Marguerite de Coniac, dame de Menoray. De ce mariage naquirent quatorze enfants qui suivent :

1° *Anne-Toussainte*, dite la « Sainte » de Néant ;

2° Joseph, aîné ; — 3° Geneviève, ursuline ; — 4° Jean-Philippe, officier ; — 5° Marie-Charlotte, bénédictine ; — 6° Hélène-Augustine, ursuline ; — 7° Henri ; — 8° Béatrix-Ange, ursuline ; — 9° Marguerite-Ange, ursuline ; — 10° Charles ; — 11° Louis-René ; — 12° Agathe-Blanche, mariée à Sébastien de l'Olivier de Lochrist ; — 13° Clément-Joachim ; — 14° Clément, capitaine de vaisseaux. Nous parlerons, dans la suite, de chacun d'eux.

Joseph de Volvire, marquis de Ruffec, comte du Bois de la Roche, seigneur du Binio, de Crancelin, de la Saudraye, etc., est né au Bois de la Roche le 16 octobre 1654 ; il reçut le comté du Bois de la Roche, en 1678, par démission de ses père et mère, de sa sœur aînée, Anne-Toussainte, et de sa tante Hélène. Il fut colonel au Régiment de Bretagne-Infanterie, en 1686, et gouverneur de la ville de Ploërmel, en 1688. Il vendit, en 1684, à René de

Lopriac, marquis de Coëtmadeuc, Fréors, Kerméen, Crémenan, et, en 1686, à René de Rieux, de Priziac, etc., marquis d'Assérac, les propriétés et seigneurie de Dréorz, de Crémenec ou Kermenec et de Keroual, héritage de son oncle Hyacinthe. Il mourut en 1715 et fut inhumé dans sa chapelle en l'église des Pères Carmes de Ploërmel, le 18 février. Il avait épousé, en 1678, Madeleine-Elisabeth de Sainte-Frique (Saint-Afrique), (1654-1744), dont il eut :

1° Joseph II, dont nous parlerons plus loin ;

2° Philippe-Auguste-Joseph, comte de Ruffec, seigneur du Châtelet, baptisé le 26 mai 1683, épousa le 2 décembre 1732, Marie-Henriette-Rebecca le Mallier de Chassonville, demoiselle du Châtelet en Balazé, fille de Louis de Chassonville, maréchal de camp, et de Marie-Adrienne de Glymes de Brabant. Il fut lieutenant-général des armées du Roi ; il hérita, en 1744, de son neveu Ingelelme-Joseph, marquis de Volvire, du comté du Bois de la Roche. Il mourut au Bois de la Roche et fut inhumé au chanceau de l'église de Néant, le 25 juin 1751. Il n'avait eu qu'une fille, Françoise, née à Balazé en 1733, morte vers 1740. Le comté du Bois de la Roche vint à sa cousine, la comtesse de Saint-Pern.

3° Charles, baptisé en 1684, signe l'acte de baptéme de son neveu Ingelelme-Joseph, le 4 septembre 1718. Il mourut le 25 mars 1732, et fut inhumé dans le chanceau de l'église de Néant.

4° François, baptisé en 1694, fut officier au régiment du roi ; il mourut de la variole au camp de Noyelle (Flandre), le 16 juin 1732.

Joseph II dé Volvire, marquis de Ruffec, comte du Bois de la Roche, etc., était né au Bois de la Roche le 10 mai 1681 ; il fut élève du collège Louis-le-Grand avec son frère Philippe-Auguste-Joseph, puis capitaine des gens d'armes de la garde du roi, maréchal de camp, lieutenant-général des Evêchés de Rennes, Vannes, Dol et Saint-Malo, et commandant du comté Nantais. Il fut blessé à Malplaquet en 1709. Il mourut au Bois de la Roche et fut inhumé le 21 juin 1731, dans sa chapelle de Notre-Dame de Recouvrance dans l'église des Pères Carmes de Ploërmel. Il avait épousé à Plumélec, le 27 janvier 1711, Marie-Anne-Josèphe du Guémadeuc, fille de Jean-Baptiste Amator, gouverneur de la ville et sénéchaussée de Ploërmel, et de Guyonne-Scolastique Briant, seigneur et dame de Cadoudal et de Callac, dont contrat passé à Ploërmel le 28 janvier même année. De ce mariage naquirent :

1° Marie-Josèphe, baptisée à Néant le 30 novembre 1714, morte en bas âge ;

2° Ingelelme-Joseph, baptisé à Néant le 4 septembre 1718, mort sans alliance, tué en duel en Allemagne, en 1744. Le comté du Bois de la Roche vint alors, comme nous venons de le dire (p. 26), à son oncle Philippe-Auguste-Joseph de Volvire, dont hérita en 1751 son neveu, *René-Célestin-Bertrand de Saint-Pern*, marquis de Saint-Pern de Couëllan, seigneur de Brondineuf et de la Hardouinaye, né au château de Brondineuf, en Broons, le 4 septembre 1716. Il avait épousé, en 1741, Marie-Philippe de l'Olivier (p. 26), comtesse de Saint-Maur, en Mernel. La famille de Saint-Pern, connue dès le XII siècle, s'arme : «d'azur à dix billettes percées d'argent 4. 3. 2. 1. ». Le marquis et la marquise de Saint-Pern nommèrent, le 4 septembre 1776, la cloche de l'église de Néant. Lors de la Révolution, ils demeuraient au château du Bois de la Roche. Impliqués, en 1793, dans la conspiration dite « conspiration Magon », ils furent emprisonnés à Paris avec leur fils aîné et leur gendre, Toussaint de Cornulier, marquis de Château-Fremont. Le marquis de Saint-Pern réussit à s'évader ; mais il mourut de douleur en août 1794, en apprenant que son gendre, son fils et surtout sa femme, alors âgée de 90 ans, avaient été guillotinés à Paris le 19 juillet 1794. Ils avaient eu dix-huit enfants, presque tous nés à Guitté, entre autres :

1° Bertrand-Auguste, marquis de Saint-Pern-Ligouyer, comte du Bois de la Roche, épousa en 1792, Françoise-Jeanne Magon de la Ballue, née à Cadix (1) en 1746, sœur d'Adrien Dominique qui épousa, en 1785, Marie-Anne-Céleste-Félicité de Saint-Pern. Il fut guillotiné à Paris avec sa mère, sa femme et son beau-frère, le 19 juillet 1794.

---

1. Magon : famille originaire d'Espagne, dont une des branches vint se fixer en Bretagne, dans le pays de Vitré au xvᵉ siècle; puis dans celui de Saint-Malo en 1560, où elle est encore représentée; elle fut anoblie en France en 1763. Elle a possédé entre autres : la Ballue, Plouër, etc. dans les environs de Saint-Malo; les Magon furent titrés entre autres de la vicomté du Boschet en 1767, du comté du Bois de la Roche en 1785. Ils ont produit plusieurs officiers d'armée; cinq d'entre eux furent décapités en 1794. Cette famille est encore représentée en Espagne comme en Bretagne.

Extrait de « *Une femme avocat* », par X. de Bellevue, in-8°, chez J. Poisson, à Paris.

ARMES

DES SEIGNEURS PROPRIÉTAIRES DU CHATEAU DU BOIS DE LA ROCHE

D'ANAST

D'or à la croix engreslée de sable, cantonnée de quatre étoiles du même.

DU BREIL

D'azur au lion morné d'argent.

DE MONTAUBAN

De gueules à 9 mâcles d'or : 3, 3, 3 (qui est Rohan), et, un lambel d'argent de 4 pendants en chef.

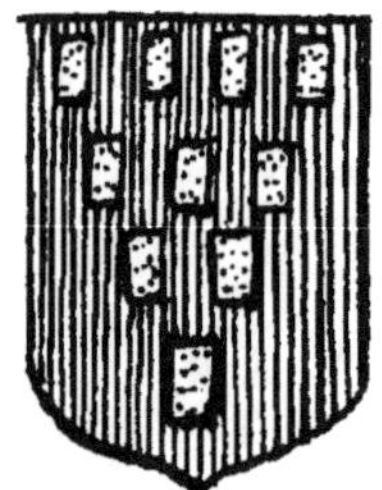

DE LA PLANCHE

De gueules à 10 billettes d'or, posées : 4, 3, 2, 1.

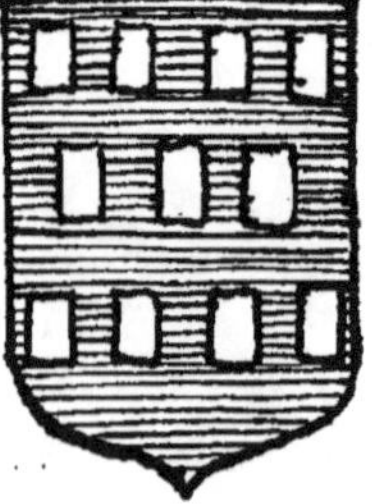

DE BEAUMANOIR

D'azur à 11 billettes d'argent, posées : 4, 3, 4.

DE VOLVIRE

MARQUIS DE RUFFEC

Ecartelé : aux 1 et 4 : de Ruffec ; aux 2 et 3 : de Montauban ; sur le tout d'Amboise.

DE VOLVIRE

COMTE DU BOIS-DE-LA-ROCHE

Ecartelé : aux 1 : de Ruffec ; 2 : de Daillon ; 3 : de Montauban ; 4 : d'Amboise.

L'OLIVIER DE LOC'HRIST

D'argent à la fasce de gueules, grillée d'or, accompagnée de 3 quinte-feuilles de gueules : 2 en chef et une en pointe.

DE SAINT-PERN

D'azur à 10 billettes percées d'argent : 4, 3, 2, 1.

MAGON

D'azur au chevron d'or, accompagné en chef de deux étoiles du même et en pointe d'un lion, aussi d'or, couronné d'argent.

2º Marie-Anne-Céleste-Félicité, dont nous parlerons plus loin ;

3ᵉ Emilie-Laurence, née à Rennes en 1767, épousa Toussaint-François-Joseph de Cornulier, marquis de Château-Fremont, lequel fut guillotiné à Paris en 1794.

4º Jean-Louis-Marie-Bertrand, comte de Couëllan, né à Rennes en 1757, page du roi, évadé des prisons de Paris en 1793, l'un des chefs de la Chouannerie de 1795 à 1815, fut tué dans un combat près de la Trinité-Porhoët, le 1ᵉʳ juin 1815, laissant postérité de Charlotte du Han-Brunier, son épouse.

5º Anastase-Joseph, lieutenant de vaisseau, eut postérité de Marie-Louise de Longuilliers de Poincy, son épouse, etc., etc.

Marie-Anne-Céleste-Félicité de Saint-Pern épousa, en 1785, Adrien-Dominique Magon de la Ballue, fils de Jean-Baptiste, guillotiné à Paris, le 19 juillet 1794, et de Perrine le Franc son épouse. Après la Révolution, pendant laquelle, comme nous l'avons vu, le château du Bois de la Roche fut détruit en grande partie, le comté du Bois de la Roche vint, par suite de partage, en 1801, à M. et Mᵐᵉ Adrien-Dominique Magon de la Ballue, dont le fils, Adrien, né en 1792, épousa en 1834 sa cousine, Nancy-Anne-Gabrielle du Bos. Il mourut au Bois de la Roche en 1862, et sa veuve y mourut en 1876. Ils avaient eu, entre autres enfants :

1º Adrien, dont nous parlons plus loin ;

2º Arthur, né en 1836, mort sans alliance au Bois de la Roche, en 1875.

Adrien Magon de la Ballue, châtelain du Bois de la Roche, conseiller général du Morbihan, né au Bois de la Roche, en 1835, épousa Marie Sagette ou Séget, de Montfort, en 1870 ; il vendit, en 1885, le château du Bois de la Roche et dépendances à M. Ange Bossard, ancien marchand de bois à Rennes. Il mourut à Boulogne, en 1888 ; sa veuve est morte à Neuilly en 1895, laissant postérité.

M. Ange Bossard, acquéreur du Bois de la Roche, y fit des réparations importantes. Ce château appartient maintenant à sa veuve.

Ainsi est passée cette chaîne d'or ou suite non interrompue de familles Bretonnes, la gloire de la province, l'honneur de la France. Elles rivalisèrent de dévouement chacune dans sa sphère d'action bienfaisante. Que ne pouvons-nous fournir ici le tableau vivant des Porhoët depuis Guethnoc, des Rohan, des Montauban, des Volvire, des Saint-Pern, des Magon !... Outre les hommes de première valeur, nous y trouverions des femmes tout imprégnées de l'esprit chrétien, poussant l'héroïsme jusqu'à sa dernière limite, c'est-à-dire pendant leur veuvage, embrassant courageusement les conseils évangéliques, une Hélène de Talhouët retirée à l'Abbaye-aux-Bois, une Marie de Chassonville, la providence de Josselin, à l'Abbaye du Mont-Cassin, etc. ou bien encore une Hélène de Volvire, dans le célibat, soutenant l'Ordre naissant de Saint Thomas de Villeneuve. Trois tombeaux d'un mérite réel nous restent de tant de grands personnages, celui des Carmes de Ploërmel, celui de la cathédrale d'Angoulême et celui de l'église de Néant qui abritent des héros, des héroïnes !... Mentionnons aussi ces admirables pierres ciselées, ornements déplacés du portail d'honneur au château du Bois de la Roche. Ces pierres sont des débris de la superbe chapelle sainte Anne du château. Par leur souvenir elles nous disent : Anne-Toussainte et tant d'autres près de nous ont prié. Mais ne nous attardons pas ; rapprochons-nous du « Lys de Néant ».

CHAPITRE II

> Le christianisme ne fait pas grand
> cas de la noblesse qui provient
> des titres imaginaires et prend sa
> source dans la poussière des tom-
> beaux. « *Saint Grégoire de Na-*
> *zianze* » (160-245).

Les desseins de Dieu sont impénétrables, sans doute ; mais ne semble-t-il pas que Anne-Toussainte de Volvire ait été destinée à continuer, dans sa famille, cette suite de saints que l'Eglise honore depuis saint Louis, roi de France, jusqu'à la bienheureuse Françoise d'Amboise, duchesse de Bretagne ? Après saint Louis, le Grand Roi du second grand siècle de France, nous y voyons se succéder, d'âge en âge, sainte Jeanne de Valois, la bienheureuse Jeanne de Maillé, la bienheureuse Duchesse de Bretagne. Sans indiquer d'autres saints personnages de sa lignée, nous arrivons par une suite non interrompue à sa famille.

La famille de Volvire dont le nom est fréquemment écrit dans les anciens titres : Voluyre, tire son nom de l'ancienne seigneurie de Volluire ou Velluire en Poitou, près de Fontenay-le-Comte, en Vendée. Elle s'est divisée en dix ou onze branches : 1° les seigneurs de Voluire, devenus, au xiii° siècle, les Chabot ; — 2° la branche de Nieuili-sur-Autize, puis de Ruffec, fondue au xvii° siècle, dans les de Laubespine ; — 3° celle du Bois de la Roche éteinte, en 1751 ; — 4° celle de Brassac, dont Anne-Clémence de Volvire dernière du nom (1810-1872) ; (1) — 5° celle de Fontboué, éteinte au xviii° siècle ; — 6° celle de Saint-Vincent, éteinte au xviii° siècle ; — 7° celle de Vareille, issue de la précédente et éteinte vers 1782 ; — 8° celle de Saint-Brice en Coglès, éteinte au xvii° siècle ; — 9° celle d'Aunac, éteinte au xviii° siècle, de même que : — 10° celle de Touchabran, issue des seigneurs d'Aunac ; — 11° la branche de Chaillé, en Poitou, éteinte vers le milieu du xiv° siècle. Dans La Chesnaye des Bois (Dictionnaire de la Noblesse), elles ont même une filiation première

---

1. Descendance de Pierre-Alexis, dernier marquis de Volvire : 1° Pierre-Alexis de Voluire (1780-1845), époux (1806) Geneviève Dansays de la Villatte (1783-1827), dont (a) François-Théophile (1808-1808) ; (b) François-Alfred (1809-1840) ; (c) Louise-Clémence (1810-1872). — 2° Louis-Clémence de Voluire, épouse (1833) Eugène Frotier comte de la Messelière (1805-1883), dont (A) Marie (1834-1903), épouse (1869) Charles de Martel ; (B) Amélie (1835-1872) religieuse ; (C) Henriette (1837-...) demoiselle ; (D) Charles (1838-...) marquis, époux (1873) Anne Baret de Rouvray (1854-1872) dont postérité ; (E) Paul (1849-1904) époux, (1872) Louise de Chalus (1844-...) dont (a) Gabriel-Paul (1873-...) ; (b) Pierre (1875-...) ; (c) Henri (1876-...), époux (1903) Jeanne de Coatgoureden, dont Anne (1904-...) ; (d) Marie (1879) ; (e) Jeanne (1881-...).

d'après laquelle les de Volvire seraient une branche des vicomtes de Touars, en Poitou.

Les branches Bretonnes, des seigneurs du Fresnay, du Bois de la Roche et de Saint-Brice en Coglès, etc, ont changé, vers la fin du xviie siècle, le nom de Voluire en Volvire, et on trouve ainsi leur nom dans l'Histoire des Grands Officiers de la Couronne, par le P. Anselme, et dans le Dictionnaire de la Noblesse (La Chesnaye des Bois).

Anne-Toussainte de Volvire de Ruffec naquit le 1er novembre 1653 (1), au château du Bois de la Roche en la paroisse de Néant, au diocèse de Saint-Malo. Son père était Charles de Volvire de Ruffec, comte du Bois de la Roche, et sa mère d^{lle} Anne Huteau de Cadillac (2), dame de Menoray, en Locmalo, tous les deux fort distingués par leur haute probité et leur illustre naissance. On lui donna le second nom de Toussainte, sans doute à cause du jour de sa naissance, en la fête de Tous les Saints ; quant au premier, Anne, il est celui de sa noble mère de la terre et surtout celui de la patronne de Bretagne, sainte Anne, mère de la très sainte Vierge Marie.

Sa naissance n'eut rien de remarquable aux yeux des hommes. Aussi, peut-on lui mettre sur les lèvres ces paroles du Sage (3) : « Je suis moi-même mortelle, semblable à tous les autres, sortie

1. Archives Morbihannaises, série E, p. xliv, supplément.
2. De Cadillac, iie partie, p. 133.
3. Sag. vii, 1 à 6.

de la race de celui qui étant le premier des hommes, fut formé de terre ; étant née, j'ai respiré l'air
commun à tous, je suis tombée dans la même terre,
c'est-à-dire assujettie aux mêmes misères et je me
suis fait entendre d'abord en pleurant, comme tous
les autres enfants. J'ai été comme eux enveloppée
de langes et élevée avec de grands soins. Du reste,
il n'y a point de roi qui soit né autrement ; car il
n'y a pour tous les hommes qu'une manière d'entrer dans la vie et qu'une manière d'en sortir ».

Conformément à la « Coutume de Bretagne »,
Mlle Anne-Toussainte, à sa naissance, fut déclarée
par son père, Demoiselle du Binio, en Augan. Le
titre de comte revenait, selon la même Coutume,
à son frère Joseph, l'aîné des treize autres enfants,
ses frères et ses sœurs.

L'importante terre du Binio (1) servit à son entre-

1. Le Binio, autrefois seigneurie et frairie, actuellement village, en Augan, est l'ancien « Winiau » dont le cartulaire de
Redon fait plusieurs fois mention au ixe siècle comme étant alors
l'une des résidences des Machtyerns d'Augan, de Guer, de Campénéac et de Ploërmel. Il était situé à l'embranchement des
voies romaines allant de Vannes à Rennes et de Guérande par
la Roche-Bernard à Corseul. Il est dit « Winiau » ou « Winhol »
dans des actes de 833, 834 et 846. Il appartenait alors à Rath-
walart et à Riwalt, et il est indiqué comme « Ran » : terre noble ; « Hereditas » : seigneurie héréditaire ; « Villa » : château ; « Tref » : village en Augan et en Guer. Il est également
question dans ces actes de la chapelle du Binio, dédiée à saint
Nicolas.

Quelques années après, les seigneurs et les moines durent fuir
devant les invasions Normandes et chercher un refuge dans les
provinces voisines. La péninsule Armoricaine, envahie, ravagée
par les Barbares du Nord, devint un vaste désert !

Deux siècles plus tard, les églises et les châteaux se relevèrent
de leurs ruines, et nous retrouvons la seigneurie du Binio en la

tien, à son éducation et à ses œuvres de charité, comme nous le verrons ; elle aurait même servi à un établissement très honorable, si Dieu l'eût permis. Sa dot, en effet, ne pouvait être réduite à un « chapel ou couronne de roses, » comme dans certaines coutumes hors Bretagne : elle devait être suffisamment apanagée selon sa condition. » (1).

La suite nous dira, non sans une extrême édification, qu'en 1678, elle se désista du titre d'honneur de Demoiselle du Binio, en faveur de son frère aîné, pour s'adonner aux soins des pauvres, tout en conservant l'usufruit de sa terre en Augan.

possession des Montauban, ramage de l'illustre maison de Rohan, fondateurs et prééminenciers de l'église paroissiale d'Augan. Les Montauban parurent comme seigneurs du Binio dans des actes de 1202, 1231, 1275, etc. ; ils le portèrent par alliance, en 1516, aux Volvire, qui le possédaient quand le château fut détruit par les Ligueurs, en 1562, et qui en vendirent plus tard les droits seigneuriaux aux Ermar, châtelains de la Grée-de-Callac. Ces droits étaient considérables : les seigneurs du Binio avaient haute justice, avec auditoire, cep et collier, et fourches patibulaires à trois pôts ; droits de trépas (du passage) sur toutes les denrées qui traversaient Augan. Le grand Rôle du Binio s'étendait en Augan, Guer, Reminiac, Tréal, Caro et Ploërmel ; ses Dixmes se percevaient en Augan, Monteneuf et Reminiac.

Extrait du Vicomte de Toustain de Richebourg et de la seigneurie de la Grée-de-Callac, par X. de Bellevue.

1. P. Espivent de la Villeboisnet. Droit d'aînesse en Bretagne, in-8°, p. 58.

§ II. Son Enfance

« Souvenez-vous que vous êtes chrétien »
(Tertullien).

Mlle de Volvire de Ruffec ou simplement *Mlle du Bois de la Roche*, comme on la nommait de son temps, fut baptisée le 2 novembre 1653 (1) dans l'église paroissiale de Néant. Elle reçut les deux noms, Anne Toussainte, et eut pour parrain et marraine deux honorables paysans, Jean Gâpais et Julienne Nouvel, pauvres.

Nous avons dit que Mlle du Bois de la Roche fut filleule de deux pauvres. Au xviie siècle, en effet, « certaines familles illustres, celles de Volvire, de Rohan, de Carcado, de Robien, de Trécesson, de Sérent, etc., se plaisaient à prendre pour parrain et marraine de leurs enfants les petits et les faibles, paysans ou gens du peuple, etc., dont les qualités sont chaque fois soigneusement indiquées dans l'acte de baptême. Ce choix était dicté par un sentiment louable d'humilité » (2). C'est là, d'ailleurs, un des grands bienfaits du christianisme ; quand il s'empare des âmes, il unit la société par les liens d'une suave fraternité.

1. Acte de baptême, aux Pièces justificatives.
2. Archives Morbihannaises, série E supplément, p. xlii.

Des Fonts baptismaux, Mlle du Bois de la Roche fut conduite, selon l'usage d'alors, ce qui du reste se pratique encore dans bien des paroisses, à l'autel du Saint Rosaire (1), pour être consacrée à la très sainte Vierge et mise sous sa protection. Nul doute que la Vierge Marie agréa cette fleur naissante, ce lys virginal qui allait croître, s'épanouir et mourir parmi les épines, c'est-à-dire les épreuves de la vie.

Pendant ces cérémonies, les petits enfants à la porte du saint lieu devaient se dire aussi, comme on le disait de saint Jean-Baptiste : « Que sera cette enfant ? » — Elle sera, enfants, votre joie et votre allégresse, votre secours et votre consolation. — Et la multitude enfantine de répéter : A, a, ann, Anna !...

Cependant la cloche bénie, cette voix de Dieu, continuait par ses vibrations à annoncer au pays la naissance de Mlle du Bois de la Roche ; elle jetait la joie dans tous les cœurs. Les seigneurs et dames qui remplissaient l'église, pouvaient eux-mêmes répéter à l'exemple de cette admirable Anne de l'Ancien Testament : « Louons le Seigneur Dieu avec allégresse !... ». Il vient de marquer du caractère ineffaçable l'âme d'une nouvelle élue. Dom Jean Rioux, recteur de la paroisse, achevait l'acte de la cérémonie.

Nous avons dit que Mlle du Bois de la Roche fut filleule de deux paysans ; elle-même fut souvent marraine. Enfant, en 1659, nous la trouvons avec

1. Chapelle ou autel du Saint Rosaire, aux pièces justificatives.

son frère Joseph, nommant du nom de « Anne » une cloche dans l'église de Guilliers, à la prière du prieur-recteur de cette paroisse (1). — Elle tint sa cinquième sœur, Béatrix-Ange, sur les saints Fonts du baptême, en 1665. — L'année suivante, elle signe comme témoin l'acte de baptême de sa sixième sœur, Marguerite-Ange, cérémonie faite à la chapelle du château. Sa signature indique une instruction avancée pour son âge. Etant la filleule de deux paysans, M{ lle} du Bois de la Roche rendit amplement ce bienfait. En 1659, elle tenait sur les Fonts du baptême Toussainte Le Mercier, une paysanne, et l'année suivante François Boisnon, un pauvre ; en 1675, elle était marraine de Anne Coquard, une pauvre, alors que Jean-François d'Andigné (2), seigneur de Kermagaro, en Néant, fut parrain.

<h3>Ses Frères et ses Sœurs.</h3>

> « La génération des justes est l'objet de bénédictions particulières ». (3)

La divine Providence continua, comme pour les

---

1. Cloche de Guilliers, aux pièces justificatives.

2. D'Andigné : ancienne et illustre famille d'Anjou, vint se fixer en Bretagne au commencement du xvii{ e} siècle, où elle produisit au moins un conseiller à la Cour, posséda la Châsse et dépendances, en Iffendic ; Kermagaro, le Tayat et Trémel, en Néant, Saint-Jean en Saint-Malon. — Jean-François d'Andigné, seigneur de Kermagaro, en 1661.

3. Gen. ix, 1.

Patriarches de l'ancienne Loi, de bénir l'union du comte et de la comtesse de Volvire. En effet nous relevons aux actes paroissiaux de Néant le baptéme de treize autres de leurs enfants dont suit une rapide biographie.

2° *Joseph de Volvire*, marquis de Ruffec, comte du Bois de la Roche, seigneur du Binio en Augan, de Crancelin en Guilliers, de la Saudraie en Mauron, etc., baptisé au Bois de la Roche le 8 décembre 1654, filleul de messire Pierre Amézo, prêtre, âgé de 114 ans. Il reçut le comté du Bois de la Roche, en 1678, au moment de son mariage. Il fut colonel au régiment de Bretagne, infanterie, et gouverneur de la ville et sénéchaussée de Ploërmel en 1688. Il vendit, en 1684, à René de Lopriac, marquis de Coëtmadeuc, diverses propriétés en Néant, Taupont et Loyat ; et, en 1686, à René de Rieux de Priziac etc., marquis d'Assérac, diverses autres propriétés, héritage de son oncle Hyacinthe de Volvire. Il mourut en 1716 et fut inhumé dans l'église des Pères Carmes de Ploërmel. Il avait épousé, en 1678, Madeleine-Elisabeth de Baux de Sainte-Frique (ou Saint-Afrique), dont il eut entre autres enfants Joseph II (1681-1731), marquis de Ruffec et comte du Bois de la Roche, etc., et Philippe-Auguste-Joseph (1683-1751), comte de Ruffec, seigneur du Châtelet en Balazé.

3° *Geneviève de Volvire*, baptisée le 13 janvier 1655, entrée au Noviciat des Dames Ursulines de Ploërmel en 1674, a revétu l'Habit religieux en 1675, sous le nom de Geneviève de la Présentation, a fait Profession le 9 octobre 1678, est décédée le 11 avril 1730 et est inhumée en la tombe de Mère Jeanne-Philippe de Saint-François de Paul (1).

4° *Jean-Philippe de Volvire*, né le 11 février 1656, fut baptisé dans la chapelle Sainte-Anne du Bois de la Roche le 20 novembre 1658, fut le filleul de Jean de Cadillac et de Hélène de Talhouët, ses grands-parents. Il fut tué au siège de Puy-Cerda (Espagne), en 1710.

5° *Marie-Charlotte de Volvire*, née en 1657, fut baptisée dans la chapelle Sainte-Anne du Bois de la Roche le 20 décembre 1658, devint religieuse Bénédictine à Saint-Georges de Rennes (2). L'abbesse, Marguerite du Halgoët (3) (1693-1715), dut l'admettre au nombre des quarante-cinq religieuses professes de cette abbaye.

6° *Hélène-Augustine de Volvire*, baptisée le 10 août 1660, fut pensionnaire des Dames Ursulines de Ploërmel, entra au Noviciat de cette communauté le

1. Renseignements dus à l'obligeance de Mme Chesnot, Mère Marie du Sacré-Cœur, supérieure des Dames Ursulines de Ploërmel.

2. Abbaye de Saint-Georges, fondée par Allain III, duc de Bretagne, en 1032, détruite en 1793.

3. Du Halgoët, ancienne famille bretonne chevaleresque, comptait en 1668 douze générations, parut aux montres de 1427 à 1543, fournit des hommes d'armes, un écuyer, trois conseillers au parlement, un ambassadeur, une abbesse. Armes : « D'azur au lion morné d'or ». Devise : « Blanc comme du saule ».

12 février 1675, revêtit l'habit religieux le 18 août suivant avec sa sœur Geneviève (ci-dessus), sous le nom de Marie-Augustine de Sainte-Hélène, sortit Novice de la maison de Ploërmel pour aller à la fondation de Muzillac (1), évêché de Vannes ; elle en fut la première Novice, sous le supériorat de Mlle Jeanne Botherel, dite Mère Jeanne de Sainte-Anne, le 3 janvier 1679 ; elle y fit Profession le 2 janvier 1680, sous le nom de Hélène de la Croix, fut six fois supérieure de la communauté de 1689 à 1724, ayant

1. Fondation à Muzillac. — Vincent Exupère de Larlan, seigneur de Lanitré, Kéralio, etc., comte de Rochefort en Terre et de Quidic, etc. et Renée de Kerouartz, dame et comtesse des susdits lieux, demeurant au château de Kéralio en Noyal-Muzillac, fondèrent le 17 avril 1678, un couvent de Dames Ursulines, à Muzillac pour 2000 fr. ou 6 journaux de terre avec 150 fr. de rente ou le denier seize. — Louis de Vautorte, évêque de Vannes, approuva cette fondation le 23 mars 1678. — Dom Martin, recteur de Muzillac, et les habitants demandèrent des Dames Ursulines de Ploërmel pour leur paroisse le 27 mars 1678. — Le duc de Chaulnes, pour le gouvernement, donna son approbation le 29 mars 1678. — Le 30 mars suivant, Sébastien de Guémadeuc évêque de Saint-Malo, autorise à sortir de leur couvent de Ploërmel sœur Sébastienne Brunet, dite Mère Marie de la Sainte Trinité, supérieure ; sœur Perrine de la Monneraye, dite Mère Marie de l'Assomption, assistante ; sœur Jacquette de la Bigottière dite Mère Marie de Sainte Claire, zélatrice, pour aller à celui de Muzillac. — Le 24 novembre 1678, même autorisation à sœur Jeanne Botherel, dite Mère Jeanne de Sainte-Anne, supérieure à la place de Mère Marie de la Sainte Trinité décédée à Muzillac, et à sœur Hélène-Augustine de Volvire, dite Marie-Augustine de Sainte Hélène, novice. — Acquisition de la maison noble de la Fuye à Muzillac, 2.400 l., pour être convertie en couvent d'Ursulines, le 16 mars 1680. — Lettres patentes, données à Versailles, de septembre 1680. — Du 6 mai 1678 au... 1790, ce couvent reçut 102 religieuses de chœur et 29 religieuses converses. — En 1804, cette communauté se fondit en celle de Vannes. (Extrait des archives de Vannes).

avec elle ses deux sœurs, Béatrix et Marguerite, qui suivent. Elle signa l'aveu au Roi, le 12 octobre 1682, pour la Maison noble de la Fuaye en Muzillac transformée en monastère, ainsi que deux acquisitions foncières en 1691 et 1729. Elle y mourut le 21 octobre 1743.

7° *Henri de Volvire*, baptisé dans l'église paroissiale de Néant, le 23 juillet 1663, filleul de deux pauvres ou gens du peuple ;

8° *Béatrix-Ange de Volvire*, née au Bois de la Roche et baptisée le 27 février 1663, devint religieuse Ursuline au couvent de Muzillac avec ses deux sœurs, Hélène-Augustine qui précède, et Marguerite-Ange qui suit, fit Profession sous le nom de sœur Marie de Sainte-Agnès, le 10 février 1683, et mourut le 18 avril 1727. Elle était la 7° sœur de chœur entrée à la communauté de Muzillac.

9° *Marguerite-Ange de Volvire*, née au Bois de la Roche et baptisée le 8 juillet 1666, fut également religieuse Ursuline à Muzillac avec ses deux sœurs, Hélène et Béatrix qui précèdent, fit profession le 28 octobre 1687 sous le nom de sœur de Tous les Saints et mourut le 6 juin 1732. Elle était la 17° sœur de chœur entrée au couvent de Muzillac.

10° *Charles de Volvire*, baptisé à Néant le 11 septembre 1667, fut filleul de deux pauvres ou gens du peuple.

11° *Louis-René* et *Agathe-Blanche de Volvire,*
étaient jumeaux, et furent baptisés le 2 janvier 1670
dans l'église paroissiale de Saint-Pierre de Néant.

12ᵎ *Agathe-Blanche de Volvire,* qui précède, épousa dans la chapelle Sainte-Anne du Bois de la Roche
le 10 février 1691, Sébastien de l'Olivier de Lochrist
comte de Saint-Maur en Mernel, fils de Pierre et de
feue Anne-Cécile de Rosmadec, né en 1670, baptisé
à Concoret le 6 juillet 1678. Sébastien de l'Olivier
mourut à Spire (Bavière) en 1703, le 10 novembre,
capitaine-major au régiment de Royal-Cravates,
ayant eu, entr'autres, Marie-Philippe de l'Olivier de
Saint-Maur, dame de Lochrist, de Saint-Maur, d'Aunac née à Lochrist en Trébrivant, vers 1703, qui
épousa à Guitté, en 1741, René-Bertrand-Célestin
marquis de Saint-Pern, et hérita, en 1751, du comté
du Bois de la Roche.

13° *Clément-Joachim de Volvire,* fut baptisé à
Saint-Pierre de Néant, église paroissiale, le 23 novembre 1672. Il signa avec ses parents l'acte de
mariage de sa sœur Agathe-Blanche, le 10 février
1691.

14° *Clément de Volvire,* baptisé également dans
l'église paroissiale de Néant le 8 septembre 1673,
semble être le dernier des enfants de sa famille. Il
était capitaine des vaisseaux du roi en 1726. La tradition rapporte que Messire Charles de Volvire avait
un frère et deux enfants religieux Carmes ; nous
n'avons pu en retrouver les preuves authentiques.

§ III. Sa Première Éducation

> « Dieu a établi sa loi dans Israël et
> a ordonné à nos pères de l'ensei-
> gner à leurs enfants, afin qu'ils
> gardent ses commandements » (1).

Madame la comtesse de Volvire se chargeait
elle-même de l'éducation première de ses enfants.
Cette mère admirable saisissait l'instant où la
raison commençait à poindre chez Mademoiselle
Anne-Toussainte, son aînée, pour diriger cette
lumière naissante dans la connaissance et l'amour
de la vérité. Elle lui inspirait la crainte de Dieu
avec l'horreur de la moindre duplicité. Ses leçons,
comme celles de sa belle-sœur Hélène de Volvire, avaient de la gravité sans manquer de douceur et venaient si à propos et avec tant de charmes
que l'enfant les écoutait toujours avec respect. Elle
faisait passer son âme dans la sienne ; elle lui communiquait toutes ses impressions et la formait à la
vie sociale. Aussi cette charmante enfant aimait-
elle à remplir avec un pieux respect et une grâce
parfaites ses devoirs sacrés de famille. Après avoir
offert ses hommages à Dieu dans la prière du matin,
elle les adressait aux auteurs de ses jours ; écouter
leurs paroles, leur promettre sa soumission filiale,

1. Ps. LXXV, 5 et 7.

les assurer de son dévouement, leur exposer ses besoins et ses craintes : par conséquent, leur découvrir ses faiblesses, attendre leurs conseils, telles étaient ses dispositions enfantines.

Par le saint Baptême, Mademoiselle du Bois de la Roche reçut la foi qui se développa en elle par l'éducation première, en attendant le sacrement de Confirmation.

Aussi quand on la voyait prononcer un acte de notre sainte religion, comme d'holocauste de tout son être à la Souveraine Majesté, ou tout autre acte résumé par l'adoration, sans effort de tête et d'imagination, on se trouvait saisi et comme forcé de l'imiter. Quelle ne fut pas la puissance de son exemple sur la conduite de ses frères et de ses sœurs, surtout sur ceux et celles qui eurent le bonheur d'une vocation religieuse ! Selon la tradition, en effet, deux de ses frères, nous venons de le dire, entrèrent chez les Pères Carmes, quatre de ses sœurs chez les Dames Ursulines, une chez les Dames Bénédictines où ils sont morts. Son exemple, disons-nous, fut propre à déterminer chacun d'eux à une vocation digne du beau nom qu'ils portaient.

C'est que les actions de Mlle du Bois de la Roche découlaient de ces deux vérités : Dieu est tout et la créature n'est rien. Ame simple et sincère, cœur généreux et héroïque, elle se complaisait en Dieu dès le bas âge, portant déjà la marque des élus !

Dans sa chambre, selon la tradition, était placée l'image de sa Patronne, sainte Anne, ayant à ses côtés la Vierge Marie attentive et écoutant ses leçons. Cette image, chaque fois qu'elle y fixait son attention, donnait à son âme une nourriture ineffable. « Marie écoute sainte Anne, disait-elle un jour à sa mère, et sainte Anne parle à Marie ; je les écoute toutes les deux. Mais, maman, je ne comprends pas. Que peut dire sainte Anne ? » — « Elles disent toutes les deux :

> *Un seul Dieu tu adoreras*
> *Et aimeras parfaitement, etc.* »

— « Ah ! oui, maman ; elles s'occupent de la loi de Dieu ; aussi, moi, je vais étudier avec plus de plaisir désormais notre sainte Religion (le catéchisme) ».

C'est ainsi que sa bonne mère, de même que sa tante Hélène de Volvire, lui enseignaient les vérités de la Foi, c'est-à-dire à connaître, à aimer et à servir Dieu et Jésus-Christ, son Fils, à avoir une profonde horreur du mal et de l'attrait pour tout ce qui est bon et juste, à apprécier le prix de son âme et l'importance du salut, à porter ses regards et ses espérances vers les objets éternels, à vivre en un mot de l'esprit de Foi et à se nourrir des préceptes de l'Evangile.

Continuant leur œuvre d'éducation, ces Dames profitaient des moindres circonstances pour montrer à l'enfant le chemin du vrai bonheur, pour l'éclairer sur ses devoirs, pour l'initier à la vie chrétienne, veillant soigneusement à ce que rien n'offensât la pureté de ses regards et de son intelligence.

Le spectacle de la riante nature servait encore à ces Dames pour élever vers Dieu l'âme de l'enfant, et y faire naître les plus nobles sentiments et les plus profondes impressions. La vue de la forêt de Paimpont et des torrents de l'Yvel élevait et grandissait son esprit. Remarques, réflexions naïves, tout était redressé dans le jugement de l'enfant et ramené doucement à la raison et à la Foi chrétienne.

Mais personne, non personne ne remplaçait sa mère près de Mlle du Bois de la Roche : Mme de Volvire avec la sollicitude d'une mère et les idées élevées d'une grande dame chrétienne, s'occupa tout d'abord d'éveiller dans l'esprit de sa fille des pensées nobles et pures, de mettre dans son cœur le germe de toutes les vertus.

Cette éducation toute maternelle pénétra au plus intime de l'âme de l'enfant, y versa en même temps que les connaissances humaines, les sublimes enseignements de l'Evangile, l'instruisit de ses devoirs et la dirigea vers ses destinées éternelles.

A cette époque, au xviie siècle, les châtelaines visitaient les pauvres et surtout les malades. Mlle du Bois de la Roche accompagnait parfois sa mère ou sa tante dans leurs visites de charité. On la remarquait, on s'arrêtait pour se dire : « Voilà Mlle du Bois de la Roche !.. », comme s'il n'y eût eu qu'elle au château, tellement sa bonté, son humilité, sa gaieté, la pratique des bonnes œuvres, son zèle naissant du salut des âmes faisaient d'impression sur les cœurs. Elle recherchait les indigents ; ainsi, entendre dire à un pauvre : « La charité, s'il vous plaît, pour l'amour de Dieu », était pour elle un bonheur. Immédiatement ses yeux se tournaient vers son père ou sa mère, ou autres parents qui confiaient à l'enfant une obole à l'adresse du pauvre. Alors, une parole amie sortait de sa bouche à l'instant où sa main présentait l'aumône dèmandée : elle avait appris que le superflu du riche appartient au pauvre.

Plus tard, en se promenant dans le parc du château, elle, esprit réfléchi, on pourrait dire presque mûr, avait sous les yeux les neuf tours couronnées de créneaux, à l'intérieur desquelles étaient suspendues les armes des vaillants, ses ancêtres. « Mon âme, se dit-elle, fortifiée par l'usage des sacrements, peut fuir le mal, et opérer le bien partout où la Providence m'en fournira l'occasion ».

En effet, Mlle du Bois de la Roche vécut dans le monde, s'y prêtant mais ne s'y donnant pas ; elle fut assujettie aux nécessités de la vie et entourée de ses embûches et de ses périls ; mais partout la Loi de Dieu, même les conseils évangéliques, furent son appui et la règle de sa conduite : c'étaient pour elle les armes des forts qu'elle savait manier pour défendre son âme. Dieu avait en elle sa demeure.

Ainsi ces nobles et honorables châtelains élevaient leurs enfants ; et, la journée close, la famille se réunisait à l'Oratoire du château, puis...

> Puis le son de la cloche annonçant la prière
> Rassemblait devant Dieu la maison tout entière.
> Dans l'antique chapelle, au pied du crucifix,
> Chacun s'agenouillait. Pieuse, lente, austère,
> S'élevait vers les cieux la voix grave du père ;
> Maîtres et serviteurs, femme, filles et fils,
> Tous répétaient en chœur la parole divine,
> Et ces voix s'unissant à sa voix enfantine

Formaient, dans leur accord à la fois fort et doux,
Un concert qu'écoutaient les anges à genoux...
Puis, dans le grand salon qu'un feu mourant éclaire
On se réunissait quelques instants encor ;
Et le sommeil venait avec ses rêves d'or
    Clore doucement la paupière,
Quand un ange béni, sous les traits d'une mère,
Avait sacré le front de l'enfant qui s'endort
    D'un baiser et d'une prière...

X. DE BELLEVÜE.

Nous ignorons complètement l'existence de Mlle du Bois de la Roche comme pensionnaire des Dames Ursulines de Ploërmel (1664-65-66-67). Elle fut, sans aucun doute, la continuation de l'éducation maternelle et de l'isntruction reçues au château de son père, et perfectionnées plus tard. Elle ne dut pas quitter cet asile, où fleurit l'innocence, avant que la sagesse eût formé son cœur. Mais n'empiétons pas, et voyons-la se préparer à sa première communion.

*
* *

« Venez tous à moi, dit Jésus-Christ » (1). A cette époque, en 1664, faut-il le rappeler ici ?.. le livre *Augustinus* et la doctrine qui en découle avaient quitté la Belgique pour se répandre en France, même dans la Bretagne si chrétienne. Mgr de Villemontée, évêque de Saint-Malo, en pasteur aimé et zélé, uni à un clergé fidèle, surveillait ce loup

1. Im. IV, 1.

redoutable qui voulait ravir l'amour de Jésus-Christ pour les hommes. Un de ses prédécesseurs, Mgr Le Gouverneur, avait établi la Confrérie du Saint-Sacremement dans le diocèse ; malgré ce zèle ardent, le *jansénisme* apparut et fit des ravages. L'éducation solidement chrétienne de Madame de Volvire et le caractère ferme du chef de la famille éloignèrent la pernicieuse doctrine du château et même du comté du Bois de la Roche. Aussi leurs enfants, « instruits des éléments sains de notre Foi religieuse, purent-ils être admis de bonne heure à la première communion » (1).

Madame de Volvire et Mlle Hélène, sa belle-sœur, préparèrent elles-mêmes Mlle du Bois de la Roche à sa première communion. L'enfant sut ses prières vocales dès le bas-âge ; elle apprit le catéchisme du diocèse en apprenant à lire ; si bien, qu'à dix ans, elle en savait non seulement la lettre, mais encore pouvait répondre à l'explication du sens des mots. L'Histoire de la Religion, de même que les récits de l'Evangile ou la Vie des Saints, la charmaient en fortifiant son âme.

Ainsi préparée au Grand Jour, elle brûlait du désir ardent de communier. Pour l'exciter davantage sa mère et sa tante lui répétaient souvent : « Si Anna n'est pas sage, le bon Dieu ne l'aimera pas, et elle ne pourra être admise à la communion en compagnie des Anges et des Saints qui nous assistent, invisibles à nos yeux charnels, mais que nous voyons

1. Ordonnances synodales du diocèse de St-Malo. p. 209.

par la foi à nos côtés dans toutes nos actions, surtout dans les grandes actions de la vie ».

Cette pensée impressionna tellement l'enfant, très vive par nature, qu'elle seule régla sa conduite et l'aida puissamment à se mieux préparer à sa première communion ; car elle suffit pour lui faire faire un examen sérieux de sa conscience et la faire se confesser avec une sérieuse contrition. Sa foi vive en Jésus-Hostie, l'humilité profonde devant sa souveraine majesté, une grande confiance en Lui, pénétrèrent (on le remarqua du moins) si profondément son âme que tout, autour d'elle, semblait nul et vil à ses yeux enfantins.

Au commencement du mois de mai, en 1664, elle fut admise à la première communion, après examen, par Dom François Urien, recteur de Néant. Sa joie, en apprenant cette heureuse nouvelle, se résume en deux mots : « Anna est reçue !.. »

En attendant le 24 mai, fête de Notre-Dame Auxiliatrice, le Grand Jour pour elle, on la voyait mieux prier, aller souvent à la chapelle Sainte-Anne du château ou à l'église Saint-Roch de Confrérie ; là, disait-elle : « Je parle à Jésus et Jésus parle à mon âme ». Quelle conversation !.. Que lui disait Jésus-Hostie !.. et elle, que disait-elle ?.. Elle recherchait ce divin Sauveur que son cœur aimait : « Seigneur Jésus, disait-elle, où demeurez-vous ? (1) — « Je réside dans le cœur de l'âme fidèle où j'accueille l'encens de la prière, où je cueille les fruits des bonnes

1. Jean I, 38.

œuvres, où je rassemble les fleurs de la pureté » (1).
Elle soupirait, en un mot, après le moment fortuné
du Grand Jour, désireuse de voir se réaliser pour
elle les paroles de Celui qui a dit : « Venez à moi,
vous tous !.. » (2). Il vint pour elle ce moment où,
confondue avec les compagnes de son âge, Jésus la
visita et combla son âme d'un si grand bonheur
qu'elle pouvait définir ce jour, un jour passé au
ciel !

Au mois d'octobre qui suivit cette insigne faveur,
Mlle du Bois de la Roche quitta le château, témoin
de sa première enfance, pour entrer au pensionnat
des Dames Ursulines de Ploërmel. Là, elle rencontra les demoiselles des grandes familles du pays
qui, plus tard, avec elles seront connues sous le
nom de « Dames charitables ».

A son entrée chez les Dames Ursulines, en 1665 (3),
Mlle du Bois de la Roche reçut une grâce insigne, le sacrement de la Confirmation.

Nos seigneurs les Evêques de Saint-Malo avaient,
à cette époque, pour maison de campagne le château à Saint-Malo-de-Beignon, avantage qui leur
permettait de visiter les paroisses et monastères de

1. Cant. VI, 1.
. 2. Matth. XI, 28.
3. Ordonnances synodales, p. 184.

leur vaste diocèse et d'y conférer le sacrement de la
Confirmation. Plusieurs évêques ont été inhumés
dans l'église de cette paroisse (1). Or, le Bois de la
Roche est à cinq lieues environ de St-Malo-de-Bei-
gnou, ce qui donnait à la famille de Volvire l'honneur de recevoir chez elle ces princes de l'Eglise.

Après la restauration de l'autel de Saint-Malo
dans sa cathédrale, Mᵍʳ de Villemonté, si affectionné
de ses diocésains, fit la visite de son diocèse en donnant le sacrement de la Confirmation. Au cours de
cette tournée épiscopale, Mˡˡᵉ du Bois de La Roche,
dans sa douzième année, eut le bonheur de recevoir
l'Esprit-Saint, après y avoir été préparée par les
soins de ses bonnes maîtresses et de son confesseur.
Et, à partir du moment où le Saint-Esprit entra en
elle, il n'y demeura pas dans l'inaction; il travailla à
la sanctifier en opérant en elle ce qui contribua à
son salut et même à celui du prochain, comme nous
le verrons dans la suite.

« Il se fit un grand *bruit* pareil à un *vent* violent,
et le Saint-Esprit descendit sur eux en forme de
langue de *feu* (2), sous la forme d'une *colombe* (3),
d'une colonne de *nuée* » (4).

Cet esprit de *feu* éclaira son entendement ; il
échauffa sa volonté, éleva ses pensées de la terre au
ciel ; comme une *colombe*, il la rendit simple, douce,
traitable et amie du prochain ; comme une *nuée*, il

1. Tresvaux, t. ᴠɪ, p. 216.

2. Act. 1, 2 et 3.

3. Matth. ɪɪɪ, 61.

4. Exo. xɪɪɪ, 21.

la protégea contre ses passions perverses ; enfin, comme *un vent impétueux*, il inclina et entraîna sa volonté vers le bien et l'éloigna du mal ; car, il fait sentir l'amertume des plaisirs du monde, comme la douceur des préceptes divins.

Après ces données, on ne s'étonne plus de voir Mlle du Bois de la Roche marcher dans une vie si peu commune. Ses progrès dans la vertu, sa constante persévérance sont les *fruits* du Saint-Esprit en sa personne.

§ IV. Son Adolescence.

> « Que votre volonté se fasse, ô mon
> Père, et non pas la mienne ! » (1).

En 1667, Mlle du Bois de la Roche sortit du pensionnat des Dames Ursulines, faisant place, on serait tenté de le croire, à sa sœur Geneviève, et elle vint au château du Bois de la Roche pour y apprendre les soins pratiques de la femme intelligente qui doit s'occuper de l'intérieur d'une maison. Là, au foyer domestique, elle a devant elle deux modèles admirables, sa mère et sa tante Hélène de Volvire, qui vont la guider dans sa

1. Luc. xxii, 42.

vie nouvelle et pratique. Tenue du ménage, direction des domestiques, tout passe et repasse devant ses yeux observateurs, de manière à ce qu'elle devienne, un jour, l'ange visible d'une maison, la femme forte de l'Ecriture, c'est-à-dire celle qui, tout à Dieu d'abord, tout à son devoir d'état, marche courageusement, faisant face à toutes les difficultés et veillant attentivement à l'exécution de tous les ouvrages d'intérieur, et même d'extérieur au besoin : autant de choses qui ne peuvent être que théoriques dans un pensionnat, même le mieux dirigé.

Il lui faut de l'activité, de l'ordre, de la propreté, de l'économie, de la docilité : ces deux modèles sont devant elle ; elle les copie, dirait-on, en s'occupant du linge, de la buanderie, de la laiterie, de la boucherie, des alimentations diverses, de la basse-cour, des garennes, de l'hygiène, des semailles de légumes, des fleurs et des plantes médicales, de la nourriture des animaux, de la comptabilité ; elle observe pour que tout se fasse en temps et lieu, y joignant la concorde et l'affection. Remarquons que les exercices religieux, matin et soir, avaient la première place dans son esprit, ensuite les soins à donner aux malades et aux pauvres. Ses moments libres se passaient à la couture, au repassage, au tricotage, à la filature, à la tapisserie.

Dans ce milieu, deux voies se présentent à elle, deux voies qu'elle a entendu préconiser au pensionnat : la sainteté du mariage et celle de la virginité. Le mariage a conduit au ciel ses ascendants, par exemple, sainte Jeanne de Valois et une multitude d'autres saintes personnes, dont elle a lu et relu la vie : c'est peut-être le martyre à petit feu que Dieu demande d'elle ? La virginité peut fleurir dans le monde comme au cloître. Elle demeure incertaine à propos de sa vocation ; elle doit se former à la vie du grand monde ; son rang social l'exige et c'est la volonté de son père.

Naturellement cette formation attiédit quelque peu les beaux sentimeuts de son enfance ; car, si on peut le dire, Mlle du Bois de la Roche avait trop de sujets de dissipations pour son âge. C'était l'équitation, les visites à cheval à des amies ou à des connaissances de la famille, les réceptions bruyantes et autres, la chasse à courre et les bruits de chasse, le récit des guerres et les bruits de guerre, la correspondance, les jugements rendus par le sénéchal du Bois de la Roche, ceux de la cour royale de Ploërmel ou autres tribunaux, autant d'occasions de dissipation pour uue imagination de quatorze aus.

Les rapports des Volvire avec les familles du pays et autres indiquent que tous vivaient en bonne intelligence. N'étaient pas admis dans l'intimité les protestants et les jansénistes. Chaque famille organisait des parties de plaisir : c'était le moyen de procurer aux enfants les joies compatibles avec leur âge et les besoins moraux et physiques de chacun. Là, se faisait remarquer Mlle du Bois de la Roche par son bel et bon esprit, ses vertus qui s'épanouissaient comme la fleur au parterre. On pourrait citer plusieurs de ses réunions de famille : celles du baptême de ses frères et de ses sœurs, du mariage de son frère Joseph, de sa sœur Agathe-Blanche, etc.

« Parvenue à l'âge de jeune fille, nous disent ses historiens, l'extérieur de Mlle du Bois de la Roche, toujours modeste et édifiant, était des plus aimables. En sa taille moyenne reluisaient la grâce et la noblesse, rien n'égalait la douceur de ses yeux, la délicatesse de ses traits ; la blancheur de son teint, agréablement coloré, était relevé par la belle chevelure blonde dont sa tête était ornée. Elle réunissait en sa personne tous les avantages extérieurs et les dons de l'esprit qui font les personnes accomplies.

« Comme les jeunes filles de son rang, elle maniait l'aiguille et le fuseau, et, sous ses doigts habiles la laine et la soie prenaient les formes les plus diversifiées : personne aux environs ne la surpassait dans les travaux propres à son sexe. Tant de qualités réunies devaient lui assurer, avec la fortune, un établissement brillant ; elle-même paraissait l'attendre et le désirer ».

Le comte et la comtesse de Volvire eurent grand soin de leurs nombreux enfants et leur donnèrent une éducation brillante. Pour comprendre cette mission sacrée, la famille de Volvire n'avait eu, d'ailleurs, qu'à suivre les traditions de ses ancêtres. Pendant les guerres de la fin du xvie siècle, où huguenots et papistes s'en voulaient à mort, les seigneurs du Bois de la Roche, comme les autres branches de la famille de Volvire restèrent toujours attachées au parti Catholique. Ainsi, du côté paternel, Philippe de Volvire et Anne de Daillon, son épouse, n'ignoraient pas ce qu'ils devaient au Roi ; ils savaient aussi leurs devoirs envers Dieu et le prochain, et ils ne transigeaient pas ; Henri de Volvire, leur fils, et son épouse Hélène de Talhouët (1) communiquèrent les mêmes principes à leur fils, Charles. Du côté maternel, Louis de Cadillac et Anne de Quélen, (2) son épouse, donnèrent une éducation solidement chrétienne à leur fils, Jean, qui en s'unissant à Anne de Coniac, rappelle les illustrations chrétiennes et bretonnes à leur fille Anne. La source était valeureuse et chrétienne ; ses ondes devaient être de même, pleines de religion et de vertus.

Tous les enfants du comte et de la comtesse de Volvire furent élevés comme nous l'avons dit en parlant de leur sœur Mlle du Bois de la Roche ; les garçons, dans leur jeunesse, étaient confiés de bonne heure aux Pères Carmes ; puis, adolescents, dirigés sur le collège Louis-le-Grand : autant d'éta-

1. De Talhouët : famille d'ancienne extraction de chevalerie bretonne. Elle produisit un chevalier croisé en 1248. La branche aînée s'éteignit en 1532, fondue en du Bot ; la branche de Bellon s'est fondue en Couëssin en 1805 ; celle de Sévérac s'est éteinte en 1792 ; la branche du Boisharand, de Bonamour et de Grationnaye sont encore représentées. Les de Talhouët ont porté les titres de comtes de Talhouët-Bellon, comtes de Bonamour, comtes de Villager, marquis d'Acigné, marquis de Talhouët-Roy, comtes de Talhouët-Grationnaye. — Armes : « D'argent à trois pommes de pin versées de gueules, 2, 1 ».

2. De Quélen : ancienne bannière de Bretagne, qui descend des rois d'Angleterre et des ducs de Bretagne, au pays dès le vi^e siècle. El'e produisit huit chevaliers croisés en 1248. La branche aînée s'éteignit en Boiséon (1573) ; la branche des Broutay, séparée de la précédente au xiiie siècle, s'éteignit en Cornouailles au xixe siècle. Les de Quélen furent titrés baron de Quélen en 1512. Cette illustre maison est actuellement représentée par les comtes de Quélen en Plouagat, et en Seine-et-Marne. Devise : « En tout temps Quélen ».

blissements renommés et sûrs où chacun se préparait, selon sa vocation, aux diverses carrières.

§ IV. Son Portrait.

> « J'ai placé un sceau sur mon visage, afin de n'agréer que l'amour de Jésus-Christ. Il a engagé ma fidélité par l'alliance de la foi et m'a donné un collier d'une infinie beauté. »
>
> Sainte Agnès

Au printemps de 1670, Charles de Volvire et sa sœur Hélène allèrent à Paris, à Angoulême, à Ruffec et à Plessé (1). Ils y conduisirent Mlle du Bois de la Roche, âgée de dix-sept ans passés, pour la présenter aux parents et aux amis. Eux-mêmes n'avaient pas dû revoir la capitale depuis fort longtemps (25 ans). Là, le monde leur fit bon accueil et force compliments sur la beauté de leur fille. Ainsi, dans leur jeunesse, ce père et cette tante avaient été présentés à sa majesté Louis XIII par leur père Henri de Volvire, descendu dans la tombe en 1645 ; mais, est-ce qu'était oubliée la cause de ses revers, comme compris dans la « Journée des Dupes » 1630 (2), à propos de laquelle

1. Première pièce justificative, à la fin du volume.

2. Voir Ogée. Dictionnaire de Bretagne. Art. Henri de Volvire de Ruffec.

ANNE-TOUSSAINTE DE VOLVIRE

il ne reçut pas l'« Ordre du Saint-Esprit » et se retira dans ses terres ?...

Ils ne quittèrent point Paris sans faire peindre le
portrait de leur fille par un artiste qui n'a point signé son œuvre. Ce portrait existe toujours au Bois
de la Roche (1). Mademoiselle y est représentée en
grandeur naturelle. Le front est pur et élevé, la
coiffure est parée d'une tresse de cheveux blonds ;
les yeux sont bleus, limpides et vifs ; la figure rose
et fraîche ; le cou orné d'un collier de perles et les
bras de bracelets. La robe est de couleur bleu cen-
dré, décolletée, relevée au corsage et garnie de
fleurs ; la main droite appuyée sur le tombeau de
son aïeule, Hélène de Talhouët (2), suspend une
guirlande de fleurs, pendant que sa main gauche
tient une ombrelle fermée. Un rideau pourpre tient
tout le fond du tableau, et fait ressortir cette très
gracieuse image.

Ce tableau nous fournirait-il, faute d'autres documents, une idée de la jeunesse de Mlle du Bois de
la Roche ou, peut-être, celle d'un de ses jours de fête ?
L'amour de Dieu et des vanités mondaines pouvaient
se combattre dans son cœur ; mais, « si elle sacrifie
en ce point à une mode de son temps et de sa condition, on peut dire sûrement qu'elle était sans re-
proche et que jamais, en aucune manière, elle ne

1. Ce tableau se trouve chez les demoiselles Hochard, l'aînée
veuve Morice, anciennes servantes de A. Magon de la Ballue,
mort en 1888.

2. A l'abbaye-aux-Bois, à Paris, rue de Sèvres, 16.

s'écarta du sentier de l'honneur » (1). Plutôt la mort que la souillure !

Il existe un autre portrait de Mlle du Bois de la Roche. Ce portrait la représente dans le costume primitif des Dames Budes de Rennes. Mais, c'est l'habit de la Visitation, celui de sainte Chantal qu'elle reçut par son affiliation au dit Ordre du Colombier de Rennes où elle passa au moins un an à se former à la vie d'apôtre et qu'elle porta jusque dans la tombe.

D'ailleurs, dans presque tous les anciens couvents, en particulier dans ceux de sainte Chantal, il était d'usage de recevoir quelques jeunes filles comme pensionnaires. Ces élèves revêtaient le costume de l'Ordre qui les accueillait ; mais elles ne contractaient aucune obligation avec la vie religieuse, bien qu'on les appelât « petites sœurs ». L'éducation terminée, ces petites sœurs rentraient dans le monde et conservaient le souvenir charmant d'une vie heureuse à l'abri des écueils, et même plusieurs y conservaient le costume de leur maison d'éducation.

Mais « ce trait particulier au xviie siècle, ne laisse pas de surprendre, tant il est contraire aux mœurs d'aujourd'hui. A cette époque, continue M. le comte de Palys, de saintes femmes portaient l'habit religieux sans être assujetties au cloître, afin de pouvoir veiller à leurs œuvres, à leurs fondations et se porter partout où l'on avait besoin de leur aide... N'y avait-il pas là une simplicité, une bonne

____

1. Tresvaux, p. 272.

foi, une bonne volonté véritablement charman-
tes ? » (1).

Ces costumes différents nous apprendraient-ils
le triomphe définitif de la grâce de Dieu sur le cœur
de Mlle du Bois de la Roche ?.. De même, Dieu pré-
para-t-il la noble demoiselle à l'accident qui va suivre ?

§ V. Son accident.

> « Servir Dieu, c'est régner ; porter
> Dieu, ce n'est pas un fardeau,
> c'est un ornement et une gloire. »
> SAINT-BERNARD.

Le vieux manoir de Saint-Guisnel (Guenhaël)
en Mauron, fut reconstruit en château-fort par
Philippe de Montauban au bois dit « de la Roche », en Néant, comme nous l'avons vu ; celui-ci,
allongé dans ses deux ailes par Henri de Volvire,
était grandiose au xviie siècle. Il avait la forme
d'un angle mixtiligne, sorte de fer à cheval, dont les
trois ponts-levis s'ouvraient deux à l'Est, celui du
portail d'honneur à l'Ouest. De celui-ci, un chemin
qui prenait à gauche, se dirigeait vers la rivière de
l'Yvel, canalisée par le Doift. A environ 300 mètres
sur la gauche de ce chemin, est une vieille carrière

1. Cte de Palys. Les Dames Budes, in-8°, p. 8.

de moellons très profonde, déguisée par des bois taillis et de haute futaie, et dont la pierre dut servir de matériaux de construction au château et dépendances. Comblée en partie, elle accuse aujourd'hui 20 mètres de profondeur. Un fait mémorable se passa en ce lieu, comme nous allons le dire.

Le retour au château de Mᵐᵉ du Bois de la Roche, arrivant de Paris et autres lieux en 1670, donna lieu à une grande fête, ainsi que la pose de son portrait à la place d'honneur au grand salon, où étaient depuis longtemps ceux des ancêtres : Philippe de Volvire, Anne de Daillon et autres personnages célèbres.

« Instruite, enjouée, spirituelle, assez mondaine, Mᵐᵉ du Bois de la Roche était en plus une des plus riches et des plus nobles héritières du pays ; les soupirants ne manquaient pas. Un jour d'automne, à une grande partie de chasse à courre, son cheval effrayé par le son du cor et les aboiements des chiens, s'emporta presque à sa sortie de la grande cour du château et alla se jeter dans un précipice de soixante pieds de profondeur au bord duquel coule la rivière de l'Yvel. La jeune fille fut sauvée miraculeusement, ayant pu dans cette horrible chute s'accrocher aux branches d'un arbre et se retenir au bord du gouffre » (1).

Dieu : — « Je te demande ce corps et cette âme que j'attends comme holocauste qui m'est dû ». — Elle : « Je vous les consacre, ô mon Dieu ; je m'attache à

1. X. de Bellevue. — Sénéchaussée de Ploërmel inédite.

Jésus-Christ pour toujours, et je renonce à Satan, à ses pompes et à ses œuvres ». Elle était demeurée là, des instants, dans la vue claire, vive et pressante de ce que Dieu demandait d'elle. Elle reçut la lumière de l'âme et un surcroît de foi à la façon de l'aveugle de l'Evangile (1) qui, selon la tradition, s'attacha à Jésus-Christ, fut du nombre des soixante-douze disciples, le compagnon d'exil de Lazare, aborda sur les côtes de la Gaule, y exerça l'apostolat avec fruit et mourut saintement à Aix en provence.

« Mlle du Bois de la Roche fut retirée du danger par un jeune gentilhomme du voisinage qui l'aimait et qu'elle aimait, mais auquel ses parents refusaient de la marier à cause du peu de fortune de ce jeune seigneur.

« Après que ce gentilhomme eut sauvé au péril de ses jours la vie à la jeune fille, le comte de Volvire déclara consentir avec joie à leur union. Mais revenue à elle même après une sorte d'évanouissement, Mlle du Bois de la Roche révéla alors, que, dans l'effroyable danger qu'elle venait de courir, ayant appris la fragilité de la vie et la vanité des plaisirs du monde en présence de l'éternité..., elle avait renoncé au mariage, et promis à Dieu de se consacrer entièrement à son service, si elle échappait à ce péril. Ses parents essayèrent en vain de lui faire changer d'avis » (2).

« Je vous prie de ne plus penser à moi, disait-elle à ceux qui l'entouraient. Je commence une vie nou-

1. Jean, c, 9.
2. Auteur cité.

velle (1) ; j'ai fait « un vœu !.. ». « Elle pensait à l'état d'une personne morte, ajoute son premier historien, fût-elle la plus élevée en dignité, sa grandeur disparaît ; elle est dépouillée de toute autorité, elle n'a plus de quoi se faire craindre, ni de quoi se faire aimer : elle perd toutes ses espérances terrestres ; tous ses projets sont détruits, tous ses desseins sont renversés. Elle devient même un objet d'horreur, elle périt pour tout le monde, et tout le monde périt pour elle ; elle n'est plus qu'un peu de cette même terre que chacun foule aux pieds ». Puis, se ressaisissant elle-même avec les pensées de la foi, elle ajouta : « Comment n'ai-je pas été désabusée plus tôt, ô mon Dieu !.. Ai-je le droit maintenant de trouver quelque chose désagréable, pénible ?.. Que d'amour il faut maintenant pour réparer mes infidélités passées !.. Que la vie est courte pour aimer Celui qu'on ne devrait jamais abandonner ! Comment reconnaître tant de douces inspirations ?.. Le cœur n'y tient plus. Il se fond d'amour ! Il se fond de douleur ! Ô éternité ! quelle joie nous préparez-vous, s'il y en a tant ici-bas à aimer Jésus, mon seul amour ?.. » (2).

La grâce, fruit du Saint-Esprit, reçue dans de bonnes dispositions par le sacrement de Confirmation, lui fit comprendre la vanité de tout éclat extérieur, le vide des joies étourdissantes, et « ainsi, par de salutaires réflexions qu'elle inspirait à Mlle du Bois de la Roche, la préparait à une vie sainte dans

1. Apoc. XXI, 5.
2. Op. de 36 p.

le temps qu'elle employait les moyens qu'on avait pris pour l'attacher au monde, à l'en séparer pour jamais (Tresvaux).

« Cependant le jeune gentilhomme continuait toujours ses assiduités avec d'autant plus d'assurance qu'il était secondé par le comte et la comtesse de Volvire, qui pressaient leur fille de prendre une détermination conforme à leurs intentions. Ils espéraient que le temps détruirait l'impression profonde que la vue d'une mort prochaine avait faite sur elle, et finirait par effacer les réflexions graves qui s'étaient alors présentées à son esprit. Son extrême jeunesse les confirmait dans cet espoir (17 ans passés).

« Aussi, dans le désir qu'avaient ses parents de lui voir faire un mariage très honorable, engagèrent-ils le gentilhomme à passer quelque temps à leur château ; mais, ni le temps ni la considération des intérêts temporels ne purent faire changer cette âme que Dieu appelait exclusivement à son service. Elle sut résister aux sollicitations les plus pressantes et concilier la fermeté avec la tendresse qu'elle avait pour ses parents » (1).

Comme Mme du Houx dans sa jeunesse, Mlle du Bois de la Roche pensait à se consacrer à Dieu dans l'état religieux ; mais elle n'osait le déclarer, parce qu'elle prévoyait les dispositions de son père et de sa mère qui l'aimaient tendrement et ne pouvaient se passer d'elle. Cependant, pour se disposer à la vie religieuse, elle se prescrivit certaines règles

_____

1. Auteur cité.

qu'elle observait fort exactement. Elle avait tous les jours, matin et soir, ses prières marquées ; elle entendait la messe et récitait le Rosaire. Elle fuyait les compagnies, recherchait la solitude et ménageait tous les moments qu'elle pouvait trouver pour les consacrer à la prière.

« On fit mille plaisanteries de cette conduite ; mais elles ne l'ébranlèrent point. Le désir d'entrer en religion croissait tous les jours » (1).

Le comte de Volvire ne dissimulait pas le mécontentement que lui causait le refus que faisait sa fille de donner sa main au gentilhomme qui l'avait demandée en mariage. Il était affligé de la voir dégoûtée de ce que le monde recherche avec ardeur. En agissant ainsi, il se trompait : sa fille était à Dieu avant d'être à lui ; les enfants sont un don de Dieu (2), c'est Dieu qui nous a créés et mis au monde (3), principe que semblait ignorer cet illustre seigneur.

Après quelque temps, le jeune gentilhomme comprit le sacrifice de celle qui s'était promise à Dieu, car il avait une âme chrétienne et élevée. Il se retira, en lui conservant sa haute estime à la place de son amour.

Nous devons le dire pour plus de clarté, ses tantes Anne et Hélène, l'une religieuse et l'autre pieuse demoiselle ; ses oncles, François et Alexis, l'un jésuite et l'autre carme, la soutenaient moralement;

1. Tresvaux, p. 425, d'après le chevalier d'Espoys.
2. Machab. vii, 22 et 23.
3. Deut. 32.

sa mère elle-même le faisait secrètement. Mais personne ne soutenait son courage et sa résolution comme Jésus-Hostie, la Force des faibles, ce Jésus qu'elle retrouvait souvent dans la sainte Communion et qu'elle visitait assidûment dans son Tabernacle. Aussi, pouvait-elle dire avec l'apôtre saint Paul : « Je puis tout en celui qui me fortifie ».

§ VI. Sa Transformation.

> « Contemplez le paradis, et voyez ces myriades de saints qui y règnent. Ils ont été taillés et polis avec le marteau et le ciseau ».
>
> Bienheureux Henri Suso.

A cette époque (1670-1671), quelles réformes s'opérèrent en Mlle du Bois de la Roche ! Ses sentiments, son langage, sa manière d'agir, tout changea, tout se transforma, et cela après deux ans de dissipation passés en visites du monde, en fréquentations des grands et des puissants de la terre !

Depuis que son père l'avait voulu, Mlle du Bois de la Roche avait mené la vie extérieure au détriment de la vie intérieure; celle-là ne songe guère qu'aux choses d'ici-bas et presque pas à celles du ciel. Les choses sensibles attirent cette âme, la distraient et la dissipent au point qu'elle rentre rarement en elle-même pour apprécier ce qui regarde Dieu et son salut : elle est tout au dehors, presque jamais au dedans d'elle-même, toute dans les choses de la terre, peu aux grandes choses de Dieu, tout au temps et à ce qui passe, bien peu à ce qui dure toujours.

Dieu, à l'occasion de l'accident qu'on vient de voir, la veut à la vie intérieure, fortement en contraste avec la vie extérieure qu'elle mène. Et aussitôt ses pensées, ses affections, ses désirs, au lieu de ramper sur la terre, s'élèvent vers le ciel. Devenue créature spirituelle, elle laisse au-dessous de sa personne, comme indigne de son être, tout sentiment naturel ; elle ne s'attache qu'à Dieu, ne veut que Dieu et met tout son bonheur à penser à Lui. Dieu, en récompense, remplit son esprit des lumières de la foi et son cœur des ferveurs de la dévotion : c'est l'existence des prédestinés, des âmes choisies qui font l'honneur de la religion.

Le monde essayera encore, son père le premier, de qualifier sa conduite de « sauvage ». Elle arrivera quand même au second degré de l'humilité joint à la mortification : se traiter avec mépris et estimer la dernière place toujours assez bonne pour soi. En effet, la justice veut qu'on rende à chacun ce qui lui est dû.

Dieu ne vécut en Mlle du Bois de la Roche qu'autant qu'elle se rendit justice, selon la vérité de ce qu'elle était (1), c'est-à-dire qu'elle étouffa en elle tout désir des honneurs et des dignités, des richesses et des louanges ; et, se moquant de ce désir

1. Matth. XX, 22.

comme d'une folie dont elle était atteinte, elle accepta de bon cœur les mépris et les confusions comme lui étant dus. Dieu lui fit voir que c'était même le moyen de bien vivre avec Lui, avec le prochain, avec elle même. En cela, elle se rendit semblable à Jésus-Christ, elle échangea avec le monde des procédés, des respects, des égards aimables ; elle sauvegarda ainsi son humilité et sa paix, ces deux sources de bonheur.

La grâce, disons-nous, en s'emparant définitivement de cette riche nature, la rendit meilleure et plus belle. En naissant, Mlle du Bois de la Roche reçut de grandes qualités naturelles : une brillante intelligence, un cœur droit et aimant, une volonté ferme et souple, un caractère gai, une rare beauté physique ; en un mot, tout ce qui fait le charme de la vie. Les influences religieuses ne firent que détruire ce qui était imparfait et perfectionner ce qui était bon. Elle dut poser devant elle son âme comme devant un miroir, afin d'y voir ses fautes, ses penchants, ses défauts. Elle expia le tout par de sincères confessions, par un esprit et des actes de pénitence qui durèrent toute sa vie. Elle fut sévère pour elle-même et indulgente pour les autres.

Quant à la beauté d'une âme ainsi renouvelée, le Saint-Esprit lui seul peut nous la faire comprendre. Si on compare ses *fruits divins* à cette beauté mystérieuse, toutes les dignités du monde, toutes les richesses de la terre, toutes les grâces naturelles et toutes les vertus acquises ne nous offrent et ne sont en réalité que misères et ténèbres, tellement la vie de la grâce diffère de la vie naturelle, les richesses intérieures de l'âme, des richesses extérieures du corps : ce sont là des choses qui n'ont aucun rapport entre elles. De celles-là, Dieu lui-même sera la récompense.

L'examen de sa vie, intérieure et extérieure, lui fit voir que sa volonté propre avait suivi plutôt les attraits des penchants naturels, que la voix de la conscience ; c'est pour cela qu'elle s'imposa la mortification des sens intimes et une grande surveillance sur le mobile de ses actions. Son changement de vie lui imposait de nouveaux devoirs : elle prit conseil de personnes éclairées dans les voies de la spiritualité et demanda les lumières de la Sagesse divine. Pour dompter l'orgueil, elle obéit dans tout ce qui n'était pas contraire à sa vocation. Cette vertu d'obéissance la rendit plus souple dans ses rapports avec tout le monde.

De prime abord, sa mémoire la ramenait vers les joies de l'enfance ; elle y mit un frein par la pensée des choses divines et éternelles. La préoccupation de ses œuvres de charité fit disparaître le reste de ces souvenirs.

Son caractère heureux, enjoué, plein de saillies amusantes et spirituelles, pouvait apporter dans la famille et dans la société beaucoup de charmes et lui attirer des applaudissements. Elle sentit ce danger naturel, et travailla à y mettre un ordre convenable, se souvenant que Jésus-Christ dit : Bienheureux ceux qui sont doux, pacifiques, humbles et charitables.

Elle avait promis à Dieu, étant suspendue sur le gouffre de l'Yvel, de n'avoir que Lui pour époux ;

mais cet engagement, pour devenir plus méritoire, ne devait-il pas plus tard la porter à prononcer, nous le verrons, le vœu de virginité perpétuelle ?.. Dès maintenant, nous pouvons affirmer que ces paroles de l'Esprit-Saint : « Tous les biens de la terre ne valent pas une âme chaste », n'échappèrent pas à son esprit au cours de ses diverses retraites spirituelles.

Comme le bon Nathanaël dont parle Saint-Jean, Jésus-Christ l'avait vue, non sous le figuier, mais suspendue aux branches d'un chêne et l'avait adoptée pour son épouse ; puis, il lui fit voir de plus grandes choses (1) ; il lui apprit à le connaître, à l'aimer et à le servir en servant ses membres qui sont les pauvres, les déshérités de ce monde.

Ainsi transformée par la grâce de Dieu, Mademoiselle du Bois de la Roche n'est plus à elle-même, mais au Seigneur Dieu, et peut dire avec le Psalmiste : « Mes biens, mon corps et mon âme, tout en moi relève de votre souverain domaine » (2). Elle ne se cherche jamais ; plus de volonté propre, plus d'attache, plus d'amour-propre ; qu'on se souvienne d'elle ou qu'on l'oublie, qu'on la loue ou qu'on la blâme, qu'importe ! Elle ne se plaindra pas : elle adorera et bénira les volontés de Dieu.

Le divin Modèle Jésus-Christ n'est-il pas devant elle ? Il a offert sa tête auguste pour porter une couronne d'épines ; ses pieds et ses mains pour recevoir l'impression des clous ; tout son corps pour

1. Jean I, 50.
2. Ps. CVIII, 125.

être déchiré et meurtri ; toute son âme, pour être abreuvée de honte et de mépris, et son Cœur si aimant, pour être transpercé et ouvert à tous par la lance du soldat Longin. On ne s'étonnera plus de trouver en Mademoiselle du Bois de la Roche une créature nouvelle, affrontant tous les périls, comme celui qu'on verra au paragraphe VIIIe ci-après.

§ VII. Notre-Dame de Kernéant

> « Tu es celle, ô Vierge Marie, qui a ennobli tellement la nature humaine que son auteur n'a pas dédaigné de devenir son propre ouvrage » (1).

Avant le concile de Mayence (813), la fête de l'Assomption de la très sainte Vierge Marie se célébrait le 18 janvier ; à cette époque, elle fut transférée au 15 août. A Kernéant paroisse de Néant la fête frairienne de Notre-Dame qui était celle du comté du Bois de la Roche, avait lieu le même jour. Là, au clan gaulois ou réunion demi-sauvage, l'Eglise substitua la frairie bretonne, la chandeleur aux ténèbres druidiques.

Dans un temps plus rapproché, pour étouffer le calvinisme et le jansénisme, Louis XIII le Juste consacra, en 1638, le royaume aîné de l'Eglise à la

1. Dante, Paradis 33.

Chapelle de Notre-Dame de Kernéant

sainte Vierge Marie par un édit du 10 février. Alors la chapelle de Notre-Dame de Kernéant fut restaurée par les soins de Henri de Volvire, rentré depuis quelque temps (7 ans) dans son domaine du Bois de la Roche ; et l'édit Royal fut appliqué le 15 août suivant.

La statue, toujours existante, rapporte la tradition, est celle de la sainte Vierge Marie tenant dans ses mains virginales l'Enfant-Jésus qu'elle présente majestueusement à l'univers, pendant que deux beaux anges tiennent suspendue sur la tête de l'Enfant-Dieu la couronne royale aujourd'hui déformée.

Cette statue fut bénite à l'église paroissiale de Néant et conduite solennellement, à cinq kilomètres, sur la hauteur (100^m) de Kernéant, et déposée dans la niche d'un rétable neuf, bien conservé dans cette vénérable chapelle. Elle a à sa droite l'image de sainte Anne, et à gauche, celle de saint Joseph, le tout dominé par un grand Christ proportionné au rétable.

Pour arriver à cette altitude de 100 mètres, d'où l'œil à l'Est et au Sud embrasse un horizon des plus remarquables, et d'où l'on aperçoit, dans la vallée, la rivière sinueuse de l'Yvel, la procession du vœu royal partie de Néant fit, comme d'habitude, une halte à l'église confrairiale ou tréviale de Saint-Roch, voisine du château du Bois de la Roche.

Toutes les paroisses du comté étaient arrivées de bonne heure à Néant avec Croix et Bannières patronales : La Nativité de la sainte Vierge de Campénéac, Saint-Eutrope de Tréhorenteuc, Saint-Brieuc de Mauron, Saint-Pierre de Guillers, Saint-Pierre de Néant. Dans les rangs de la procession en marche pour Kernéant, se voyaient avec les Croix et les Bannières, les étendards des Confréries, ceux des Corporations d'ouvriers et ceux des Frairies qu'attendaient au passage la bannière de Saint-Roch du Bois de la Roche et l'oriflamme de Notre-Dame à Kernéant. Devant le clergé, accompagné des seigneurs et des nobles dames du pays, s'avançait majestueusement la statue de la Vierge Marie portée par les Filles des Tiers-Ordres du Carmel, du Saint-Rosaire, de Saint-François, des associées du Saint-Sacrement et des SS. Cœurs de Jésus et de Marie.

Le chant du vœu royal alternait avec les versets ou strophes du *Magnificat* et de l'*Ave maris stella*.

A la vue de cette belle procession, un auteur anonyme (1) ajoute : « Vous eussiez vu bourgeois, femmes et enfants choir en pamoison devant la belle statue de la Mère de Dieu ; les seigneurs pleurèrent de joie quand ils virent l'empressement du commun des fidèles. Hommes, femmes et enfants, dès qu'ils aperçurent de loin l'Oriflamme de Notre-Dame de Kernéant qui resplendissait dans l'azur et virent l'équipement des seigneurs, redoublèrent leur chant : « Reine de France, priez pour nous... » et firent entendre, dans les moments de silence, ces paroles : « Douce Vierge Marie, nous devons bien vous aimer, ainsi que le jour où vous venez nous visiter ».

Le saint sacrifice offert, la parole de Dieu entendue, les vêpres chantées, le salut du Saint-Sacre-

---

1. *La Vendée* cité par E. Loudun.

ment donné, chacun s'en retournait en répétant par les chemins creux et étroits, souvent par les sentiers : Reine de France, priez pour nous, etc.

Ainsi se renouvelait, en ce lieu, d'âge en âge chaque année, la fête majeure de la très sainte Vierge Marie : c'était le pardon breton du pays.

Actuellement, la chapelle de Notre-Dame de Kernéant, bien entretenue et souvent restaurée, est entourée de dix chênes énormes plusieurs fois séculaires qui demeurent comme la chapelle, les témoins de l'antique foi bretonne. Il n'est dans le souvenir de personne, depuis 1846, époque de la fondation de la paroisse de Sainte-Anne du Bois de la Roche, que cette touchante cérémonie, du 15 août, se soit renouvelée. Pour des raisons spéciales, la procession du vœu royal n'allait plus qu'à mi-chemin de Kernéant, au lieu dit : « La Fontaine de la Sainte » (Mademoiselle Anne-Toussainte de Volvire) ; aujourd'hui, elle s'arrête devant le Calvaire du nouveau cimetière de la paroisse.

§ VIII. Epreuves

> « Tous ceux qui ont plu à Dieu, ont passé par de grandes afflictions, et sont demeurés fidèles » (1).

Mademoiselle du Bois de la Roche, en 1671, avait

1. Judith. VIII, 23.

dix-huit ans. Elle aidait sa mère dans l'éducation de ses frères et de ses sœurs, s'occupant spécialement des filles : Marie-Charlotte, Hélène, Béatrix..., pendant que sa mère prenait soin des garçons : Joseph, Philippe, Henry, Charles... Bientôt sa sœur Geneviève va sortir de pension pour les seconder dans la tâche quotidienne d'éducatrice, car Mademoiselle Hélène de Volvire, leur tante, s'était fixée à Lamballe (1). Mais en même temps les pauvres, ces membres de Jésus-Christ, avaient une large part à son affection : son cœur les recherchait, sa main les soulageait. Elle sentait cependant son impuissance à les soulager efficacement quand ils avaient quelques maladie grave : car elle ne connaissait de remèdes que ceux de sa mère et de sa tante.

Ces multiples occupations étaient loin de la satisfaire et toujours l'idée de l'état religieux hantait son esprit, surtout quand elle apprenait les œuvres merveilleuses établies à Lamballe, à Ploërmel et ailleurs par sa tante Hélène de Volvire en faveur des pauvres, celles de sa tante Anne de Volvire à la Visitation de Rennes. Le zèle de Madame du Houx (1616-1677) et de tant d'autres la dévorait ; on lui en avait fait le récit qui l'animait et la charmait de plus en plus. Elle entendit aussi parler des retraites fermées où tant de jeunes personnes ont trouvé leur vraie voie. Dans cet état d'âme, son directeur spirituel ordinaire ne lui suffisait même plus. Elle priait, priait encore pour en trouver un qui put lui

1. Hélène de Volvire, *procuratrice* des Dames de S. Thomas de Villeneuve à Lamballe et à Paris, rue de Sèvres.

indiquer, comme à saint Paul, la voie véritable où elle devrait marcher le reste de ses jours.

Dans ces perplexités, c'est à Notre-Dame de Kernéant, dans ce sanctuaire vénérable, qu'elle allait dire à Dieu par l'entremise de la Sainte Vierge ses inquiétudes et ses peines. Là, comme l'apprend encore la tradition, en compagnie de sa mère, de ses frères et de ses sœurs, elle réitérait et ses vœux et ses prières. Ses visites y étaient fréquentes. Elle aimait si tendrement cette bonne Mère du Ciel !..

Pendant l'automne, les pluies abondantes grossissaient la rivière de l'Yvel, le nord de Néant séparé du sud par cette rivière voyait rarement les prêtres de la paroisse. Cependant le saint ministère n'en souffrait pas, car un prêtre zélé et prudent, Dom Raould Briand, vicaire de Guilliers (1), jouissait dans le pays d'une réputation méritée. C'était le confident des secrets de la famille de Volvire comme de bien d'autres. En remplissant les devoirs de son ministère, il paraissait parfois au château, à l'église saint Roch du Bois de la Roche où il était le confesseur délégué, et s'arrêtait à Kernéant pour y dire la sainte messe et y entendre les confessions, visitait les villages, pour y administrer l'extrême-onction. Ce prêtre n'ignorait pas les dispositions de Mademoiselle du Bois de la Roche et de sa famille, mais il se tenait sur une prudente et sage réserve. C'est à lui qu'elle s'adressa enfin et il résolut de l'aider

---

1. Dom Raould Briand a rempli les fonctions de vicaire de Guilliers pendant 31 ans, du 29 avril 1649 au 27 mars 1680, année de sa mort à Guilliers.

dans ses saints désirs. Elle avait entendu ces paroles du divin Maître : « Venez et suivez moi » (1) et avait répondu : « J'ai mis, ô mon Dieu, ma confiance en vous et je ne serai point confondu » (2).

« Le comté de Volvire, son père, crut qu'elle avait communiqué ses réflexions à un confesseur qui la confirmait dans ses sentiments, et fit tous ses efforts pour le connaître. Elle qui savait quelles étaient à cet égard les dispositions d'esprit de son père, et craignant qu'il ne persécutât son confesseur, avait choisi pour communier, la chapelle de Notre-Dame de Kernéant. Le choix ne pouvait être meilleur : cette chapelle est située à la sortie Ouest du parc du Bois de la Roche et au Nord de la Roche, autre village. Elle pouvait s'y rendre sans être vue de personne » (3), en longeant le sentier d'environ une demi-lieue, entre le château et Kernéant. A sa sortie du parc, elle rencontrait les gens du Bois de la Roche, de Kernéant, de la Roche, qui se rendaient à Notre-Dame, chaque fois qu'ils entendaient la cloche annonçant qu'un prêtre y disait la messe.

« Ces précautions, quoique très sages, devinrent inutiles : le comte de Volvire observa et fit observer sa fille avec tant de soin, qu'il découvrit le rendez-vous.

« Soupçonnant, un jour, qu'elle était à Kernéant, il s'y transporta avec deux de ses domestiques auxquels il ordonna de s'armer et de l'accompagner ; ils

1. Matth. IV, 19.

2. Ps. XXX, 7.

3. Tresvaux, déjà cité.

arrivèrent à la chapelle de Notre-Dame où Dom Briand célébrait la messe. A peine y furent-ils entrés, que le prêtre et Mademoiselle du Bois de la Roche devinrent tout tremblants. Mademoiselle communia néanmoins. A cette vue, son père impressionné lui-même sortit brusquement et resta dehors à attendre le prêtre et sa fille. Leur action de grâces fut très longue, car ils n'osaient franchir le seuil de la porte.

« Il est aisé de comprendre quels étaient, dans cette circonstance délicate, les sentiments de la servante de Dieu : connaissant combien son père était opposé au genre de vie qu'elle avait embrassé, elle craignait pour la vie de son confesseur, et s'intéressa sans doute en sa faveur auprès de Dieu » (1) par l'intervention de la Vierge Marie.

Pendant que la foule se dispersait, le comte se promenait d'un pas vif et saccadé sous les vieux chênes qui entourent et ombragent la chapelle. Il semblait être sous l'empire d'un rude combat intérieur. Mille pensées traversaient son esprit. Il se rappela, enfin, que les enfants sont à Dieu avant d'être à leurs père et mère. D'ailleurs, au jour de son baptême, n'avait-il pas présenté sa fille à l'autel du Saint-Rosaire de sa paroisse. Cette offrande n'avait pu être, à ses yeux, qu'une vaine cérémonie. Il s'en ressouvint utilement à l'heure marquée par Dieu ; et, sous l'influence de ce souvenir, sous l'influence aussi d'une grâce particulière due, sans doute, aux prières des âmes pieuses dont il sur-

_____
1. Opuscule de 36 pages.

veillait indiscrètement les démarches, il changea tout à coup de sentiments.

Mademoiselle du Bois de la Roche et son guide spirituel sortirent enfin de la chapelle. Quelle agréable surprise n'eut pas Mademoiselle du Bois de la Roche, lorsqu'elle entendit son père faire au prêtre des remerciements pour tous les services qu'il lui rendait, lui dire qu'il était touché de la peine qu'il prenait de venir de Guilliers (6 kilomètres) pour l'obliger, et ajouter à ses remerciements une invitation fort polie : « Je vous prie, dit-il à l'ecclésiastique, de venir faire vos fonctions saintes à la chapelle de mon château, et de dîner avec nous toutes les fois que vous y viendrez ».

« Le comte de Volvire qui avait désiré si vivement engager sa fille dans le monde, laissa dès ce moment à la Providence le soin de disposer d'elle ; et, la voyant portée à une vie retirée et pénitente, il crut que Dieu l'appelait à se sanctifier de cette manière : aussi cessa-t-il de s'y opposer » (1).

Mlle du Bois de la Roche ne pouvait en croire ses oreilles ni assez remercier la divine Providence dont l'action semblait manifeste. Oh ! que ce moment devait être délicieux pour elle ! Se trouver en face de son père ainsi disposé à son endroit, à côté de deux valets armés, en un tel lieu, dans de telles circonstances, et ne recevoir de lui que des encouragements : tout cela lui semblait du surnaturel

1. Tresvaux, déjà cité.

plus merveilleux que celui de sa conservation sur le gouffre de l'Yvel.

De Kernéant, tous se rendirent directement au château. Chemin faisant, le comte de Volvire entretenait le vicaire de Guilliers des moyens pratiques relatifs au nouveau genre de vie de sa fille ; celle-ci conservait en silence ses projets dans son cœur. — Au château, Mme de Volvire au milieu de ses enfants, du chapelain, attendait avec anxiété dans le grand salon l'arrivée de la compagnie qui venait de descendre de Kernéant (52 mètres). Que s'y était-il passé ?... On arrivait. La joie était peinte sur les visages. La comtesse avait tout deviné. Dom Briand était là, la figure souriante ; les enfants allèrent au-devant de lui ; il les bénit pendant qu'eux se jetèrent au cou de leur père et de leur sœur bien-aimée.

Mme de Volvire avait donné des ordres pour le repas. On se mit à table. Pendant le repas, Dom Briand annonça la célèbre retraite fermée de Ploërmel (1), grand évènement pour le pays ! Elle serait donnée par des Pères de la compagnie de Jésus et Mlle de Francheville avait tout préparé pour recevoir les retraitantes. Après maintes réflexions, on arrêta que Mlle du Bois de la Roche s'y rendrait, que désormais une servante serait attachée à sa personne, qu'elle occuperait la chambre Est donnant accès à la chapelle Sainte-Anne du château. Dans quelques jours, M. de Volvire réunirait la famille et les amis pour leur annoncer la détermination arrêtée de sa fille aînée.

1. **Tresvaux.** Vie de Mlle de Francheville, p. 219.

Quelle ne dût pas être, à cette heure, la joie spirituelle de Dom Raould Briand ! Dieu bénissait visiblement le ministère du prêtre zélé qui avait dirigé, dans la voie de la sainteté, Mlle du Bois de la Roche.

FIN DE LA PREMIÈRE PARTIE

IIᵉ PARTIE

SA VIE PIEUSE ET LABORIEUSE

CHAPITRE 1ᵉʳ

SA PIÉTÉ : FORMATION ET PROGRÈS.

§ 1ᵉʳ. FORMATION.

1º *Retraite de Ploërmel.* — « Désormais libre
de suivre son attrait pour la piété, Mademoiselle
du Bois de la Roche ne vécut plus que pour Dieu, et
se rendre utile au prochain par de bonnes œuvres » (1). En 1658, le P. Ange Le Proust avait fondé
à Lamballe, la congrégation charitable des Dames
de Saint-Thomas de Villeneuve. Ce furent ces reli-

1. Tresvaux, p. 274.

gieuses qui vinrent, en 1666, prendre la direction de l'hôpital saint Yves de Ploërmel, envoyées par la Rév. Mère Le Bohu de la Pommeraie, *supérieure générale*, et par Mademoiselle Hélène de Volvire, *procuratrice* de l'Ordre nouveau et tante de Mademoiselle du Bois de la Roche (1).

En 1671, lors de la Retraite fermée de Ploërmel, Mademoiselle de Francheville (1620-1689) parcourait la Bretagne pour la fondation de l'Ordre des « Filles de la Sainte Vierge de la Retraite » de Vannes, préparant tout pour la réception des Missionnaires et des Retraitantes dans chaque localité. Elle vint à Ploërmel où les Pères de la Compagnie de Jésus donnèrent leur première Retraite dans cette ville et au diocèse de Saint-Malo.

Mademoiselle de Francheville et les Missionnaires se fixèrent avec les Retraitantes à l'Hôpital Saint-Yves, comme autrefois les Carmes (2) et, peut-être, les Ursulines et les Carmélites (3) à leur arrivée au

1. Arch. des Dames de Saint-Thomas.

2. Carmes de Ploërmel : Le comte Jean, fils puîné du duc Jean 1er de Bretagne, prit la Croix, en 1245, et alla au Mont-Carmel. Là, il invita le Prieur des Pères Carmes à lui accorder deux de ses Religieux pour fonder, en Bretagne, un couvent de leur Ordre ; il les obtint et les plaça provisoirement à la Maison-Dieu (Hôpital) de Ploërmel. Ogée. Dictionnaire de Bretagne.

3. Ursulines, Carmélites de Ploërmel : Des Dames Ursulines, envoyées de Rennes, en 1624, vinrent à Ploërmel y fonder un couvent de leur Ordre ; l'évêque de Saint-Malo y consentit le 20 octobre à la prière de la susdite ville royale.

Le P. Thibaut avait fondé à Rennes, en 1622, un couvent de Carmélites de l'étroite observance ; il accepta la demande de la ville de Ploërmel d'en établir un qui fut approuvé par l'évêque de Saint-Malo, le 4 décembre 1626. Des lettres-patentes, d'octo-

pays. Là, se donna la Retraite fermée de 1671, et Mademoiselle du Bois de la Roche fut du nombre des quarante-cinq personnes qui en firent partie. C'est là qu'elle rencontra Mademoiselle de Francheville et qu'elle eut avec elle ses premiers entretiens sur les choses spirituelles et temporelles. Catherine de Francheville ne tarda pas à trouver en Mademoiselle du Bois de la Roche les marques de la vocation religieuse et s'efforça de se l'attacher comme coopératrice ; celle-ci, charmée de l'excellence de l'œuvre des Retraites, accepta ; mais son père s'y opposa : « J'ai fait pour vous un grand sacrifice, lui répondit-il ; mais, en retour, je compte bien que vous resterez tranquille au sein de votre famille. » (1). Mademoiselle de Francheville qui avait appris des Dames de Saint-Thomas de Villeneuve la détresse de cet hôpital, obtint que Mademoiselle du Bois de la Roche s'y intéressât. Avant d'accepter les fonctions de *procuratrice* de cet hôpital, elle consulta sa tante Hélène de Volvire et son confesseur de Retraite ; et elle finit par avoir l'assentiment de son père.

Durant cette Retraite, qui dura sept jours pleins, les Pères Jésuites avaient la direction du spirituel, et Mademoiselle de Francheville se chargeait des soins domestiques et s'entretenait pendant trois heures, chaque jour, avec les Retraitantes. Son

bre 1625, sanctionnèrent la propriété des Ursulines et celle des Carmélites.

Archives d'Ile-et-Vilaine, fonds de l'évêché de Saint-Malo.

1. In-72, 16 pages.

exemple, ses paroles brûlantes de charité, influèrent tellement sur Mademoiselle du Bois de la Roche que celle-ci résolut, après la grâce insigne de la Retraite, de se vouer de toute son âme à son propre salut et à celui du prochain, par tous les moyens fournis par la divine Providence. En un mot, ces Dames se comprirent et contractèrent une union de prières et de bonnes œuvres, adoptèrent les mêmes exercices religieux. « Peu après, Mademoiselle du Bois de la Roche se fit affilier à la congrégation des Dames de la Retraite de Vannes. » (1).

2° *Visitation de Rennes.*

> « Mon Dieu, je remets mon esprit
> entre vos mains afin que vous en
> fassiez ce qu'il vous plaira ».
>
> (Saint-François de Sales).

De la Retraite de Ploërmel, Mademoiselle du Bois de la Roche appelée par sa tante Anne de Volvire, partit pour la seconde maison de la Visitation de Rennes, dite du Colombier (2). Là, avant

1. Hre du diocèse de Vannes, t. ii. p. 156.

2. *Visitation de Rennes.* Cet ordre religieux, qui reconnaît saint François de Sales pour son fondateur, doit son établissement à Rennes à Dame René Quengo, veuve Olivier du Chastelier, président à mortier du Parlement. Cette Dame sollicita au-

d'entreprendre ses œuvres de charité, elle fit un noviciat de la vie religieuse, étudiant surtout la vie de Jésus-Christ et l'Esprit de saint François de Sales, afin d'y conformer sa conduite. Remarquons qu'il n'y a point de damnation pour ceux qui vivent en Jésus-Christ (1). Il est le chef ou la tête dont nous sommes les membres (2). Il est une vigne dont nous sommes les branches (St-Jean). Combien de fois dut-elle répéter à ce divin Sauveur : Seigneur Jésus, faites que je vous connaisse pour vous aimer davantage, et que je me connaisse (Saint-Augustin).

Ses historiens s'accordent à dire que Mademoiselle du Bois de la Roche habita pendant quelque temps cette sainte maison de la Visitation, (appelée vulgairement « de la Retraite » pour la distinguer de la Visitation de la Madeleine). Ils disent « quelque temps » ; ce qui prouve qu'elle ne fit pas un vrai noviciat, puisque les noviciats de la vie religieuse durent au moins une année.

Dans le silence du cloître, au Colombier, comme autrefois aux Ursulines de Ploërmel, en compagnie de Mères aussi dévouées que sa propre mère, et de

près de Mgr Cornulier, évêque de Rennes, parent des de Volviré, d'appeler dans cette ville des religieuses de la Visitation d'Orléans, et demanda en même temps des lettres royales pour leur couvent de la Madeleine. Elle les fit y venir, en 1628. — Cette maison ne pouvant plus contenir tous les sujets, les Supérieurs de l'Ordre fondèrent au Colombier de cette ville, en 1641, un second monastère dit de la Retraite. Ces deux monastères n'en forment plus qu'un aujourd'hui à la Madeleine.

1. Rom. XIII, 1.

2. I Cor. XII, 27.

compagnes sorties des meilleures familles bretonnes, régnaient une piété simple et fervente, un zèle
tout de charité, d'aménité et de désintéressement,
l'union des cœurs dans l'abnégation personnelle de
chacun, une atmosphère de bonté, de douceur, de
bonne grâce et de paix sorties du cœur de saint
François de Sales. Là, enfin, pour cette jeune fille à
qui le plaisir, la vanité, l'ostentation, le monde avaient
souri, mais à qui Dieu avait tout de suite pour ainsi
dire fait toucher du doigt le néant et le danger de
toutes ces choses décevantes et fausses ; là, c'était
la sécurité, l'espoir assuré d'une formation sérieuse.

Le prix de cette sécurité n'était pas pour épou-
vanter une âme aussi vaillante. Elle avait plutôt à
se défier de ce subit élan vers la croix. Mais, en
traversant le monde, elle avait acquis assez de
maturité pour ne pas céder du premier coup au
charme austère et enivrant de la vie religieuse.
Elle allait avoir 18 ans ; « elle était remarquable par
ses agréments extérieurs, son esprit et son enjoue-
ment » (Tresvaux). Selon l'usage de cette fervente
communauté, elle dut employer les premiers mois
d'entrée à une retraite spirituelle, peut-être en partie guidée par la célèbre Madame du Houx « dont
le cœur goûtait alors, dans ce même monastère,
des douceurs qu'elle ne pouvait exprimer ; son
esprit, uniquement occupé de Dieu, le remerciait de
se voir enfin hors du monde et dans un lieu saint où
rien ne l'empêchait d'aimer Dieu de toute l'étendue
et la liberté de son cœur » (1). Aussi, Mademoiselle

1. Sa vie, p. 41. 1713.

du Bois de la Roche s'adonne-t-elle avec ardeur aux *Exercices de Piété* qu'elle continuera toute sa vie.

Les exercices de piété, aliments de l'âme chrétienne, sont par les saintes affections comme l'encens jeté au feu ; ils en entretiennent et augmentent la flamme. C'est encore la manne du désert qui s'adapte à tous les goûts, c'est-à-dire à tous les besoins de l'âme. Ils sont la saveur de nos saints Mystères et en expriment le suc et la grâce qu'ils font découler dans l'âme réfléchie : « Demandez et vous recevrez », a dit la Vérité même.

Comme les Mères ou Religieuses de la Visitation, Mademoiselle du Bois de la Roche avait chaque jour une heure d'Oraison, l'audition de la sainte Messe, la visite au Saint-Sacrement, le chapelet ou Rosaire, la lecture spirituelle, les examens particuliers et généraux ; chaque année, une Retraite spirituelle à Rennes ou à Vannes.

Nous n'entrerons pas dans le détail des exercices que nous lui verrons pratiquer plus tard au château du Bois de la Roche et ailleurs. Mais nous aimons à voir Mademoiselle du Bois de la Roche étudier pratiquement les œuvres de charité corporelles et spirituelles répandues en Bretagne, en France, à l'étranger même, se mettre en rapports avec les Dames célèbres de ce couvent : Madame du Houx, Madame Budes et autres, au dehors, dont elle devint l'émule dans sa sphère d'action, c'est-à-dire accomplir de grandes œuvres charitables au sein d'un petit coin de terre inconnu, si caché qu'aujourd'hui même, il est presque ignoré : Néant !.. C'est là, dans cette Retraite, qu'elle s'établit en Dieu, voyant

Dieu en tout et toutes choses eu Dieu, c'est là qu'elle s'efforça d'attirer sur sa personne les regards et les complaisances de Dieu seul. C'est là aussi qu'elle se forma à la pédagogie, à cet art si délicat et, disons le mot, si difficile, d'instruire les petits enfants et de former les maîtresses chrétiennes, étude déjà pratiquée au château paternel pour l'éducation de ses sœurs, avec moins de fruits, faute de principes suffisants. Elle continua de s'y former et de s'y perfectionner de plus en plus à l'Hôpital Saint-Yves de Rennes.

3° *Hôpital Saint-Yves de Rennes.*

> « Venez les bénis de mon Père, j'ai
> été malade et vous m'avez vi-
> sité » (1).

Dans sa dix-neuvième année, à sa sortie de la Visitation, dite de la Retraite, Mademoiselle du Bois de la Roche demeura quelque temps à l'Hôpital Saint-Yves de Rennes (2), et y apprit à soigner les malades, c'est-à-dire à se perfectionner dans l'art médical, en compagnie des Religieuses Augustines de la Miséricorde de Jésus.

1. Matth. XV, 34 et 35.
2. X. de Bellevue. — Hôpital Saint-Yves de Rennes, in-8°, chez Plion et Hervé, à Rennes.

Ses connaissances médicales étaient jusque là trop défectueuses ; autour d'elle au château du Bois de la Roche, il n'y aura personne apte à lui fournir des conseils éclairés ; elle s'en expliqua avec son père avant de quitter la Visitation. A Saint-Yves, elle vivrait au milieu des Religieuses, elle verrait chaque jour toutes sortes d'infirmités humaines, les traitements divers et appropriés qui leur sont appliqués ; de la sorte, son instruction pratique serait de courte durée : telles étaient les raisons qu'elle alléguait pour obtenir l'assentiment de son père. Elle l'obtint enfin et se rendit à l'Hôpital sans délai.

Parmi les religieuses Augustines de l'Hôpital Saint-Yves, on pourrait en citer une trentaine qui eurent des rapports avec Mademoiselle du Bois de la Roche. La Révérende Mère de l'Assomption (Jeanne Mahé de Montgermont) (1644-1694), pendant son second supériorat, l'admit à Saint-Yves, comme pensionnaire, étudiant les soins à donner aux enfants et aux malades.

Dès son arrivée dans cet Hôpital modèle elle suivit les Sœurs hospitalières auprès de chaque malade, se faisant rendre compte de la nature du mal, de ses symptômes, de ses caractères et de ses suites probables. Les remèdes subissaient ensuite ses investigations, de même que les tisanes. Quand elle n'était pas sûre des renseignements donnés par les Sœurs infirmières, elle s'adressait directement aux médecins qui, la connaissant, se faisaient un bonheur de l'instruire.

Durant ces mois de formation qui lui parurent forts courts, Mademoiselle du Bois de la Roche gagna l'affection des Hospitalières, des malades, et des enfants en particulier. Nul doute que tandis que ses mains étaient au service des malades, son cœur s'élevait vers Dieu par de saintes aspirations... C'est Jésus-Christ même qu'elle servait dans la personne des malades, et cette œuvre de charité lui fut toujours bien chère.

Arrivée au terme de ses études médicales, les croyant suffisantes pour la Mission charitable qu'elle désirait continuer, Mademoiselle du Bois de la Roche acheta quelques Manuels utiles qu'elle avait étudiés sur place pour être ses guides dans l'avenir. Elle fit aussi l'achat d'une pharmacie renfermant les remèdes essentiels et ordinaires.

En sortant de ces saintes maisons, Mademoiselle du Bois de la Roche va-t-elle jeter aux orties, comme on le dit communément, son costume de jeune moniale que nous lui avons vu à son portrait (p. 66)? Nous ne pouvons le penser, quand nous lisons, dans sa première biographie, cette question que lui adressa un jour la femme de chambre du château du Bois de la Roche : « D'où vient, Mademoiselle, que vous ne portez plus que des vêtements noirs et blancs avec des coiffes carrées ? » (p. 156). Nous affirmons qu'elle le porta jusque dans la tombe, et la suite de sa vie nous l'apprend. Nous pensons de plus que, comme le Roi Prophète, elle dut prononcer cet engagement solennel : « Dans la simplicité de mon cœur, je vous offre avec joie, ô mon Dieu, tout ce que j'ai de biens spirituels et temporels » (1). Et Dieu,

____

1. Par. 20.

qui ne se laisse jamais vaincre en générosité, lui accorda la grâce insigne de la persévérance finale dans sont saint amour.

§ II. Retour au Bois de la Roche

> « Jésus descendit avec ses parents, il vint à Nazareth, et il leur était soumis » (1).

L'âme vide des créatures et d'elle-même, mais pleine de Dieu, est précisément l'instrument dont Dieu aime à se servir pour toutes les grandes œuvres. La vérité de ce principe se réalise en la personne de Mademoiselle du Bois de la Roche. Elle quitte la maison de la Visitation et celle de l'Hôpital Saint-Yves de Rennes, une fois son noviciat et ses études particulières achevés ; fait ses adieux, adieux bien touchants, surtout à sa tante Anne de Volvire de la Visitation et à sa sœur Marie Charlotte, bénédictine de Saint-Georges, et vient se fixer au château paternel. Chacun l'attendait, un père et une mère dévoués, des frères et des sœurs qui vont la recevoir comme un ange venant du ciel, les pauvres et les malades, comme une *mère* que Dieu leur envoie.

1. Luc, ii, 51.

Une litière la conduisit de Rennes au Bois de la Roche. En elle, âgée de dix-neuf ans (1672), on voit une personne d'une haute piété, d'une solide vertu, d'une âme droite et franche, d'un caractère fort et décidé, se rendant fort bien compte du bruit qu'elle faisait en Bretagne, tenant de sa race et de sa position, une dignité de grande dame, en un mot ; et, abandonnant tout cet extérieur, d'une manière charmante devant ses parents pour lesquels elle eut toujours la plus entière soumission, quand il n'était pas question de la volonté de Dieu sur sa personne.

Mademoiselle du Bois de la Roche reprit au château sa première chambre donnant sur la chapelle Sainte-Anne. Dans ces temps de magnificence (XVIIᵉ siècle), on peut s'imaginer trouver dans sa chambre des objets en rapport avec son rang ; cependant, il n'en est rien ; car cet appartement peut être comparé, quant à ses ornements, à celui que la Sunamite avait fait préparer pour le prophète Elisée, dont parle l'Ecriture : Faisons lui disposer, dit cette femme à son mari, une modeste chambre ; plaçons-y un lit, une table, un siège et un chandelier, afin qu'il demeure là et s'y repose loin du tumulte » (1). Chaque objet de cet appartement semble être le symbole des vertus remarquées en la personne de Mademoiselle du Bois de la Roche : le lit, le repos qu'elle goûtera dans l'oraison après les fatigues de ses courses à visiter les nécessiteux ; la table, le fruit de ses bonnes œuvres ; le siège, sa persévérance jusqu'à la mort dans les œuvres en-

1. Reg. IV. 9 et 10.

treprises ; le chandelier, enfin, ses bons exemples et la sainteté de sa vie.

D'ailleurs, « toute chambre peut devenir une cellule et toute maison une thébaïde » (Lacordaire), c'est-à-dire un abandon total du grand monde pour ne s'occuper que de la prière et de la charité envers Dieu et le prochain, selon cette maxime de saint Paul : Vivez dans le monde comme n'étant pas du monde.

Là, ses vues grandes et généreuses vont s'étendre sur le château, le comté du Bois de la Roche et bien au-delà, comme il est constaté par son testament. Ce qui la ramenait au château paternel, ce n'était donc plus, comme au temps où elle était pensionnaire aux Ursulines de Ploërmel, le bonheur de se retrouver en famille, mais l'espoir d'un fructueux apostolat auprès du pauvre, de l'infirme et du malade.

§ III. Progrès ou Mobile de ses Actions

> « Quiconque marche en simplicité,
> marche en assurance » (1).

Séparée du monde, Mademoiselle du Bois de la Roche ne lui donnait plus que les seuls ins-

---

1. Prov. x, 9.

tants que la bienséance ne lui permettait pas de refuser, et avec une simplicité et amabilité telles que chacun était heureux d'un court entretien. On la trouvait toujours la même, modeste sans singularité, discrète sans affectation. Elle était si occupée de Dieu et de ses œuvres personnelles, qu'elle ne prenait ses repas avec ses parents que lorsqu'ils étaient seuls à table. Elle ne connaissait plus la vanité de la parure, de la table, des ameublements, ni les recherches de la délicatesse mondaine.

Dans les relations de la vie, la politesse n'était chez elle que l'expression vraie de la charité. En étudiant sa manière d'agir, chacun reconnaissait non qu'elle aspirait à plaire, mais qu'il lui était cher; non qu'on fut content d'elle, mais qu'elle était contente de ceux avec qui elle traitait.

Dans le détail de ses actions, elle ne cherchait ni à se montrer, ni à se cacher, ni à paraître vertueuse, mais à être telle en particulier qu'en public, toujours semblable à elle-même. Elle ne craignait rien avec excès, ne désirait rien avec violence. Elle était pauvre volontairement sans être humiliée, honorée sans s'en estimer davantage ; elle ne connaissait rien de bas en ce qui est bon, rien de petit en ce qui est utile, rien d'honorable en ce qui n'est pas chrétien. Elle voulait la volonté de Dieu et rien autre chose, en bénissant sa souveraine Puissance et se reposant sur Lui avec une parfaite simplicité d'amour.

Ainsi, Mademoiselle du Bois de la Roche gagna le cœur de Dieu et du prochain, et jouit en son âme du vrai bonheur : Dieu la couvrit d'une protection spéciale (1) ; il l'aima et dans sa conduite pleine de douceur, elle marcha en assurance (2). Elle était simple dans l'aumône, dans l'obéissance, dans ses devoirs d'état, dans la persévérance, dans les rapports mutuels. Tout le monde aimait à traiter avec elle, les petits et les grands ; en sa compagnie, on servait le bon Dieu avec aisance et sans trouble, avec l'abandon et la confiance d'un enfant qui sert un père très aimable ; car elle n'était affectée ni dans ses paroles, ni dans ses pensées, ni dans ses actes. Elle ne songeait plus au passé qui n'est plus à nous, mais cherchait à apporter à ce qu'elle faisait une attention douce, libre et gaie.' Avec elle on n'avait pas besoin de mendier la joie ailleurs, on la trouvait au-dedans de soi plus qu'avec toutes les sociétés possibles. En voyant les mille inutilités dont le monde se fait une nécessité, elle était heureuse de se dire : « Que de choses dont je n'ai aucun besoin ! » Si elle rencontrait sur sa route des plaisirs innocents, elle les accueillait sans empressement et les goûtait sans remords. Si des chutes ou des faiblesses l'avertissaient de sa misère innée, elle s'en humiliait doucement et sans trouble ; elle se relevait en confiance et allait se jeter en simplicité entre les bras de Dieu. Dans les sécheresses ou épreuves de la vie, elle acceptait tout ce que Dieu veut ou permet, et elle était toujours contente, quoiqu'il fasse ou permette.

Tant et d'aussi heureux progrès dans la vie pieuse

1. Prov. ii, 7.
2. Prov. ii, 9.

de Mademoiselle du Bois de la Roche ne surprendront personne, attendu que le mobile de toutes ses actions se trouve tout entier dans ses *exercices de piété*, ces exercices qu'on appelle justement le levier de la vie chrétienne. L'âme, en effet, aussi bien que le corps, a besoin d'entretien. De là, la nécessité absolue de lui fournir un aliment propre et proportionné à ses besoins. Cet aliment et cet entretien ne sont autres que les « Exercices de Piété » de chaque jour, que Mademoiselle du Bois de !a Roche estimait à leur juste valeur.

Comme une Ursuline, elle se levait été comme hiver de bonne heure et en silence, faisait modestement sa chambre, à la lueur d'une simple chandelle en hiver, pensait religieusement à son Oraison. Puis, elle se mettait en prières, lisait ensuite la vie abrégée d'un saint, un chapitre de l'Imitation de Jésus-Christ ou d'un autre livre de piété. Après avoir prévu toutes ses actions de la journée, elle se rendait à la Messe pour demander par Jésus-Christ toutes les grâces nécessaires pour la journée. Cela, pendant que l'on dormait au château, sauf le guet occupé à le garder nuit et jour.

Disons un mot de ses divers Exercices et voyons l'estime qu'elle en faisait.

Et d'abord la *Prière*. « Quand, les dimanches et les fêtes d'obligation, nombreuses alors, Mademoiselle du Bois de la Roche ne revenait pas après la grand'messe pour dîner au château, elle se contentait d'un modeste frustulum, qu'elle prenait dans une pauvre maison ou assise à l'ombre d'un buisson en entretenant les paysannes » (1). Elle savait les intéresser en leur parlant de l'Eglise, de la France « Royaume de Marie », des bienfaits de la prière. La prière est le bréviaire de l'Evangile (Tertullien), disait-elle ; notre bréviaire à nous est le Rosaire ; prenons nos chapelets et partons pour l'autel de la Sainte Vierge (2), prions avec les anciennes formules et avec la ferveur de nos ancêtres pour nos deux patries l'Eglise et la France. Mais prions avec confiance par Jésus-Christ et avec Marie, sa divine mère ; avec respect pour l'Oraison Dominicale, la Salutation angélique et le Symbole des Apôtres ; à la confiance et au respect, joignons l'adoration pour l'Amour infini.

L'Oraison I.. Au commencement, Mademoiselle du Bois de la Roche faisait Oraison pour apprendre et à connaître et à exécuter la volonté de Dieu sur sa personne, comme nous l'avons dit. C'est qu'en effet, « la conformité à la volonté divine est le trésor du vrai chrétien, l'origine et la règle de toute perfection » (St-Vincent de Paul). En disant ces paroles du *Pater noster* : « Que votre votre volonté soit faite », on la voyait faire une pause, indiquant par là qu'elle comprenait et voulait faire comprendre une parole divine vraiment remarquable pour tous.

1. Op. de 36 p.
2. Autel du Saint-Rosaire, aux Pièces justificatives, fin du volume.

En un mot, elle aimait, recherchait et poursuivait la pratique de la volonté de Dieu dans toutes les actions de sa vie. Parvenue par la grâce de Dieu à un degré supérieur d'Oraison, elle devint un organe de Jésus-Christ (1), agissant par lui : Jésus-Christ, disons-nous, fut sa vie (2) ; il opéra tout en elle (3), dernier terme du chrétien sur la terre...

.•.

Pendant la *Messe* quotidienne que, d'ordinaire, Mademoiselle du Bois de la Roche entendait à la tribune de la chapelle Sainte Anne ou confondue dans la foule les jours de communion, la modestie présidait à tous ses mouvements, tellement elle appréciait la grandeur du saint Sacrifice. Jésus-Christ lui-même *prie* sur l'autel (4) où il se fait suppliant devant son Père ; il est *victime*, il offre sa vie, sa mort, son corps, son sang. A sa prière, il joint celles du prêtre et des assistants : tout ne forme qu'une prière. Là, il corrige nos demandes, nos actions de grâces, en écarte les imperfections et les couvre de ses mérites, afin qu'elles soient exaucées ; car, il est toujours exaucé de son Père (5). Ainsi considérait-elle la sainte Messe.

.•.

1. Rom. xii, 3.
2. Rom. i, 25.
3. Gal. ii, 20.
4. Héb. vii, 25.
5. Jean xi, 42.

La sainte *Communion* qui n'est autre que la rencontre de nous-mêmes avec notre Dieu qui se donne à l'âme et l'âme qui se donne est un spectacle qui jette les Anges dans l'adoration ; car, il est dans notre cœur, quand nous avons communié. Aussi, la posture de Mademoiselle du Bois de la Roche, avant comme après avoir communié, avait-elle quelque rapport avec celle des anges adorateurs qu'on remarque dans nos églises, aux abords du saint Tabernacle renfermant Jésus-Hostie. Qui nous dira ce qui se passait alors dans son cœur ? Ce devait être un monde d'actes de foi, d'humilité, de contrition, d'amour, de désirs, d'adoration, de remerciement, d'offrande, de demande, de fermes propos agréables à l'Hote divin qui daignait visiter sa fidèle servante. A chaque communion a-t-elle jamais oublié celle du 24 mai 1664, c'est-à-dire sa première communion ?.. Les jours, comme le Vendredi-Saint, où elle ne pouvait communier au corps de Jésus-Christ, elle communiait à ses angoisses, à ses douleurs et à ses plaies.

*
**

Au tribunal de Dieu, dut se dire Mademoiselle du Bois de la Roche, ma cause sera introduite un jour, toute ma vie sera exposée : le mal commis, le bien omis ou mal fait, les grâces de Dieu reçues sans fruit, le temps perdu ou mal employé ; et chaque action, et chaque parole, et le principe qui fait agir ou parler, et chaque pensée et arrière-pensée, et les confessions sans fruits et les communions sans amour de Dieu, et les prières sans attention (1). — Placée dans un état de vie qui m'oblige envers l'Eglise de Jésus-Christ, envers la société et la famille, comment en ai-je rempli les devoirs?.. Ne les ai-je point négligés pour ne pas me gêner, ni me contraindre au besoin ? — N'ai-je pas fait passer le plaisir avant le devoir? — La jouissance avant la conscience ? (2). Elle dut, disons-nous, se juger elle-même, afin de n'être pas jugée (3). Elle aurait pu ajouter avec le saint roi Ezéchias : « Je repasserai ma vie devant vous, ô mon Dieu, dans l'amertume de mon âme » (4).

Chacun de ses défauts, chacune de ses imperfections prises à part, dut aussi être l'objet de ses Examens particuliers, qu'elle avait soin de faire vers midi. C'était une halte, pour elle, au milieu du jour.

.˙.

Au retour de ses courses quotidiennes, dont nous parlerons plus loin, Mademoiselle du Bois de la Roche trouvait son repos à la chapelle Sainte Anne du château avec laquelle sa chambre communiquait, ou à l'église Saint Roch de la confrérie. C'est là

1. Matth. x. 26.
2. Héb. ix, 27.
3. I Cor. xi, 31.
4. Is. xxxviii, 15.

surtout qu'elle visitait Jésus-Hostie, bien qu'elle ne passât jamais devant quelque église ou chapelle sans y entrer ; car ses courses à travers les villages et les villes étaient pour elle des sortes de pélerinages.

C'est dans cette chapelle du château, disons-nous avec son premier biographe, qu'elle épanchait son cœur devant le Seigneur des seigneurs, qu'elle l'adorait comme son Créateur et son souverain Maître, qu'elle méditait ses perfections infinies, qu'elle lui témoignait son amour et sa reconnaissance, comme à son bienfaiteur, qu'elle gémissait de n'avoir pas aimé plus vite sa beauté suprême. « O mon Dieu ! beauté toujours ancienne et toujours nouvelle, c'est trop tard que je vous ai connu (Saint-Augustin), c'est trop tard que je vous ai aimé (id.). Toutes les perfections, tous les attraits des créatures les plus belles et les plus accomplies réunies, ne sont qu'un faible portrait de vos grandeurs, ou, pour mieux dire, ne sont rien devant votre beauté et vos autres perfections. Tout le brillant des cieux, tout l'éclat des Anges, toutes les perfections imaginables ne sont devant vous que laideur et obscurité, et disparaissent en votre présence ».

Quand elle comparait l'ardeur qu'on met à faire sa cour aux Souverains de la terre et l'indifférence glaciale qu'on apporte à visiter le Roi des rois, son cœur se fendait. Elle suppliait le bon Dieu de prendre en pitié l'espèce humaine ou de la regarder comme seule coupable de cette monstrueuse ingratitude. Dieu se plaisait à récompenser l'amour de sa servante, en lui envoyant, du fond de son sanctuaire, de ces vifs rayons de lumière qui rendent sa présence presque aussi sensible à l'âme que s'il était vu des yeux du corps. « Sans mon Jésus, disait-elle, tout est vanité et néant ! Que ne puis-je faire partager à tout le monde ce sentiment, cette intime conviction ! Oui, avec lui tout est bien, tout est doux ; sans lui, tout est mal, tout est amer. Je lis en caractères de feu son aimable amour pour nous sous les viles espèces, et je ne désire et ne veux désirer à jamais que lui au monde. Lui, lui, toujours lui ! »

Aucune dévotion ne lui était plus chère que celle de la sainte Eucharistie ; elle passait parfois des heures entières devant le divin Sauveur caché sous les voiles eucharistiques, puisant à cette source sacrée toutes les forces de son pieux ministère. « Si nul bien, disait-elle, n'est comparable au trésor de l'amitié, comment ne pas apprécier hautement cette amitié divine qui s'est abaissée sur la terre ? ». Par ses visites prolongées, elle essayait de dédommager Notre-Seigneur des trop rares hommages que lui rendent tant de chrétiens dans son sacrement d'amour. Elle semblait ne pas connaître de remède plus puissant aux afflictions de l'âme que cette méditation au pied des saints Tabernacles ; c'est là qu'elle portait ses peines et non ailleurs. Silencieuse quand elle souffrait moralement ou physiquement, elle ne voulait que Dieu entre elle et les souffrances que la Providence lui ménageait. « Je bénis Dieu en tout temps », disait-elle. Et cette douce piété quand elle la rencontrait dans d'autres personnes, l'attirait vers ces âmes et gagnait toutes ses affections. Mais, si Mademoiselle du Bois de la Roche aimait tant Jésus-Eucharistie, elle aimait aussi sa divine Mère ; et elle le témoignait par sa dévotion au saint Rosaire.

.•.

Des confréries ou associations pieuses existaient en Bretagne alors comme aujourd'hui. Entre autres prélats, Monseigneur Le Gouverneur, évêque de Saint-Malo (1610-1630), les favorisa au territoire de sa juridiction épiscopale. Outre les associations des SS. Cœurs de Jésus et de Marie et les Tiers-Ordres du Carmel, de saint François, celui de saint Dominique était répandu dans toutes les paroisses ; celles du comté du Bois de la Roche avaient dans leurs églises l'autel du saint Rosaire et sa confrérie.

Sans doute, Mademoiselle du Bois de la Roche, que nous avons vue exhortant les paysannes à réciter le saint Rosaire à Néant, devait faire partie de cette confrérie si agréable à la Reine du Ciel.

Elle devait même le réciter tous les jours, au moins le chapelet qui en est la tierce partie. Toutes ces dévotions étaient réchauffées et entretenues par les Retraites spirituelles.

.•.

Quiconque est appelé à la vie cachée, qu'il y demeure ; de même, quiconque est appelé à la vie active, qu'il agisse : l'une et l'autre seront récompensées, quand chacun paraîtra devant Dieu les mains pleines de bonnes œuvres, comme le furent Marthe et Marie dont parle l'Evangile. Du départ de ces deux situations de la vie, ne l'oublions pas, les saints ont l'éternité pour contempler les sublimes choses du ciel. Cependant, l'être humain a beau exister pour l'action, l'âme, sous peine de se dépenser en agitation vaine, réclame impérieusement un temps de recueillement, comme le corps le plus endurant à la fatigue a besoin, par intervalles, de quelques jours de repos, de retraite.

Les *Retraites spirituelles* me sont bonnes pour un peu de temps, pensait Mademoiselle du Bois de la Roche, comme sa contemporaine Mme de Miramion, mais ce n'est pas seulement cela que Dieu veut de moi, c'est la retraite du cœur qui se fait en rentrant souvent en soi-même, pour s'unir à Dieu par des actes d'amour, d'abandon, d'obéissance, d'humilité ou par une simple vue de sa sainte présence.

Quand elle sentait ses forces épuisées et son corps près de succomber, elle allait se retremper dans la solitude et le silence de sa chambre, de l'église Saint-Roch ou de la chapelle Sainte-Anne du château. D'autres fois, c'était la solitude des grands bois qu'elle recherchait et où elle aimait à se promener. Là, seule avec Dieu seul, elle méditait l'union qui règne parmi les arbres, le vent qui les agite, les forêts cultivées, etc. Tantôt au bord des trois étangs du parc du Bois de la Roche, la vue fixée sur les poissons, elle réfléchissait sur la nécessité de l'appât, de la patience, et du silence de la part du pêcheur, etc, etc. Là, en un mot, débarrassée du monde, elle suivait le penchant de son cœur, et s'adonnait toute à Dieu.

Recueillons quelques-unes de ses impressions pendant ses retraites spirituelles de Vannes ou de Rennes, lesquelles nous paraissent identiques avec celles de Madame de Maintenon (1). «... Toute ma vie et toutes les facultés de mon âme ne me sont données que pour honorer Dieu ; je le veux faire ; je mettrai Dieu au milieu de ce que j'aime, et je me jetterai dans sa miséricorde... Mourir comme le grain de froment pour vivre en vous, ô mon Dieu !.. Tout ce qui est fait pour Dieu est grand... Je tâcherai de n'être point empressée dans mes actions et autres bonnes œuvres que l'on me commettra ; n'en entreprendre aucune d'un peu considérable de moi-même ; mais par obéissance, la faire avec paix et patience... Je ferai mille fois plus de cas de la vie intérieure que de la vie extérieure, et je tâcherai de faire en sorte que toutes mes actions extérieures deviennent des actions intérieures par la pureté de mes intentions, les faisant purement pour Dieu seul, sans vouloir prendre d'autre part que la peine et l'humiliation, s'il y en a... Pardonner, aimer, supporter, servir mon prochain avec douceur et cha-

1. Voir la vie de Madame de Maintenon.

rité, pour l'amour de Dieu, sans témoigner ni répugnance, ni peine... Dieu est vérité, je tâcherai de l'honorer par une grande simplicité et vérité...» Du silence de sa vie spirituelle, passons à sa vie laborieuse.

CHAPITRE II

SA VIE LABORIEUSE

« Je suis ton salut, dit Jésus-Christ,
ta paix et ta vie » (1).

En 1673, Mademoiselle du Bois de la Roche avait vingt ans ; son frère Joseph avait terminé ses études ainsi que sa sœur Geneviève. Tous les deux sont à leur façon les soutiens de la famille, qui compte déjà douze enfants, élevés comme nous l'avons dit en parlant de leur sœur aînée.

Appelée à sa naissance Mademoiselle du Binio, Anne-Toussainte de Volvire jouissait du revenu de cette superbe propriété pour son entretien et ses œuvres. Le pays n'avait pas de médecin, la ville royale de Ploërmel elle-même déclare que, depuis un siècle et demi, elle n'a pu s'en procurer un.

Dès son arrivée de Rennes, la bonne Demoiselle visitait les dépendances du château et les villages voisins, courses qu'elle pouvait effectuer à pied. Elle

1. III Imit. 1, 2.

se pourvut de deux montures, deux petits ânes, pour elle et sa domestique, lorsqu'elle avait à faire des courses éloignées. Les palefreniers du château s'occupaient de ces animaux au retour des deux voyageuses comme de ceux du château ; et c'était grande joie pour ces gens qui se voyaient traités si maternellement et ne savaient comment reconnaître ses attentions délicates. Néant, Augan, Campénéac, Guilliers, Saint-Brieuc, Loudun même, sont les localités sur lesquelles elle étend sa bienfaisance. Dans les paroisses limitrophes du Bois de la Roche, pendant vingt ans, elle offrit l'aumône aux pauvres, pansa les plaies, donna des consultations et des conseils hygiéniques, érigea et visita les écoles de village, distribua des habits aux nécessiteux, donna de pieux et utiles avis, tellement son cœur brûlait du zèle de la gloire de Dieu et du salut des âmes. On la vit dans la plus humble chaumière comme dans les hôpitaux, consolant les affligés et convertissant les pécheurs.

Désormais sa vie appartient au peuple ; elle a embrassé sa cause avec une sincérité et un enthousiasme qui ne se démentiront pas, même à son dernier soupir. Elle allait, continue la tradition, partout ou sa présence lui semblait utile, vivant au milieu du peuple et nouant avec lui des liens de plus en plus intimes, parce que, dans chaque endroit où elle passait, on comprenait, de plus en plus, son affection pour le bonheur de chacun, son désintéressement et sa bonté.

Elle aimait le peuple, mais plus que jamais elle

aimait la solitude de sa chambre, la chapelle Sainte Anne.

Suivons d'abord Mademoiselle du Bois de la Roche dans ses courses à domicile.

§ Ier. Ses courses a domicile

> « Me voici, ô mon Dieu, envoyez-moi » (1).

Les villageois du pays, riches ou pauvres, sans autre médecin que Mademoiselle du Bois de la Roche pour les soulager dans leurs maladies, si fréquentes surtout par le défaut d'hygiène, reçurent ses visites dans leur demeure. Sa charité, jointe à son courage, fut supérieure à toutes ses répugnances naturelles, dans le traitement des infirmités les plus invétérées et les plus hideuses. Ses yeux, si timides d'ordinaire, sondaient les plaies ; ses mains délicates enlevaient la pourriture des ulcères, y appliquaient la charpie et l'onguent voulus, y renouvelaient le linge : ses topiques venaient vite à bout des plaies les plus profondes.

Les maladies n'étaient pas moins bien traitées. En connaître les causes pour les détruire, la nature pour y apporter les remèdes, les conséquences

____
1. Is. vi, 8.

pour offrir ses conseils, étaient l'objet de ses soins charitables. Pour récompense, elle ne réclamait que la pitié pour les indigents. Sa pensée fut comprise, les cœurs s'ouvrirent comme le sien, les ressources de toutes sortes affluèrent à ses œuvres : chacun se faisait un bonheur de l'obliger.

Les pauvres honteux connurent ses libéralités. « Afin de leur épargner de la confusion, elle se chargeait seule de cette bonne œuvre, ou n'admettait dans sa confiance que sa femme de chambre dont elle connaissait la vertu de discrétion » (1). Ainsi étaient soulagées des familles honnêtes, qui se trouvaient dans la détresse et qui n'osaient faire connaître leur misère.

« Une épidémie s'étant manifestée dans la paroisse de Néant, plusieurs malades furent abandonnés, parce que les personnes saines n'osaient les visiter ; Mademoiselle du Bois de la Roche en est informée, elle vole à leur secours ; elle en prend un soin particulier, les change elle-même de linge et leur rend les services les plus humbles. Son dévouement, remarque son premier biographe, était d'autant plus généreux, qu'elle avait à craindre le mécontentement de ses parents qui l'eussent vue avec peine s'exposer ainsi à la mort ; mais pour ne pas leur causer d'inquiétudes, elle leur cachait ses œuvres de charité et ne visitait que la nuit la plupart de ces malheureux » (2).

Tous les habitants du Comté du Bois de la Roche

1. Biogr. 16 p.
2. Tresvaux, p. 276.

reçurent bientôt les visites et les secours de la fille du seigneur, et personne n'eut à rougir de ses indiscrétions. Elle savait garder religieusement toute confidence placée dans son sein ; et était devenue la femme forte et prudente que nos Livres saints aiment tant à louer.

Au milieu de ses courses incessantes pour soulager les misères du corps, elle se fit l'apôtre des âmes. Elle sut réveiller un remords éteint, surexciter la sensibilité du pécheur, encourager au bien, remettre la paix dans les cœurs et dans les familles. Son caractère loyal lui attirait la confiance ; elle était si bonne et si compatissante que volontiers on l'entretenait des peines du foyer domestique, et on la reconduisait pour en parler encore. Cet ange de paix répandait consolation et joie ; sa douce présence au village était un bonheur pour tout le monde. C'est que, note ici son premier biographe, « on la voyait tous les jours faire de nouveaux progrès dans la vertu. Dieu qui ne se laisse jamais vaincre en munificence, lui rendait au centuple ce qu'elle prodiguait aux pauvres avec tant de libéralité, en ne se proposant que de lui plaire en toute chose ».

Sa foi se rallumait vive, ardente, au chevet des malades. Elle se représentait Jésus-Christ souffrant dans leurs membres, et alors, non-seulement il n'y avait rien de bas et de méprisable dans les soins qu'elle prenait d'eux, mais à ses yeux tout grandissait et s'ennoblissait tellement que peu s'en fallut souvent qu'elle ne se regardât comme indigne de les traiter et de converser avec eux, bien qu'elle fût poussée par vocation à les soulager dans toutes leurs nécessités.

Ainsi agissait Mademoiselle du Bois de la Roche, par monts et par vaux, ne rencontrant pas un enfant, un berger, un laboureur sans lui adresser la parole. Qui nous dira ici ces entretiens touchants, parfois sublimes ?.. Ces visites étaient faites lentement d'un village à un autre, même à un simple hameau, sans avoir cure du temps, certainement sans souci de la peine, à 40 ans comme à 20 ans, au milieu des bois, comme au travers des bruyères par d'étroits sentiers.

Convaincue que tout est ordonné, elle admettait facilement les pieuses légendes, les phénomènes naturels comme les évènements sociaux et jusqu'aux moindres actes des plus humbles paysans ; elle voyait toujours Dieu créateur à travers le voile des créatures.

Partout elle enseignait ; sa conversation n'était qu'une longue instruction : à table, au salon, parmi les ouvriers ou ouvrières, elle élevait la voix pour instruire et édifier tout le monde.

Dans la belle saison, elle prenait volontiers le langage de l'époux des Cantiques : Viens, mon bien aimé Jésus, allons ensemble dans la campagne. Il semble que là on est plus près de toi. En voyant les merveilles de la nature, on est plus porté à t'aimer, à te louer. En ce moment le narcisse penche sa corolle dans mon vase bleu, le chèvrefeuille y joint ses longues clochettes, et un serynga enivrant, couronné d'un pois-fleur, termine le bouquet qui parfume notre petite atmosphère. Oui, mon Jésus ; mais sans toi la verdure se flétrit, les fleurs n'ont plus de baume, les arbres se dessèchent et le cœur est serré par le froid de l'hiver ; la charité meurt comme l'herbe coupée.

Les misères humaines étaient à ses yeux deux fois respectables et sacrées : elle voyait les membres souffrants de Jésus-Christ dans ceux des humains affligés. Et, dans le but d'un soulagement plus complet, elle est devenue *procuratrice* non seulement de l'Hôpital Saint-Yves de Ploërmel, comme nous l'avons vu, mais encore des Madeleines de Saint-Louis de Guilliers et de Saint-Roch du Bois de la Roche.

§ II. Hospices ou Madeleines

> « L'aumône fait trouver la miséri-
> corde et la vie éternelle » (1).

La lèpre, apportée en France par les Croi-sés, commandait au Royaume très chrétien l'éta-blissement de Maisons-Dieu qui prirent le nom d'hopices généraux, à la charge des Ordres religieux hospitaliers, puis des seigneurs chrétiens. Les pro-priétaires du comté du Bois de la Roche qui choisis-saient dans le peuple, les parrains et les marraines de leurs enfants, ne restèrent pas indifférents à ce mouvement charitable.

1. Job. xii, 9.

La culture du chanvre, l'établissement des corderies, fournirent de cordes la Bretagne pendant 400 ans, et devinrent l'industrie des familles autrefois atteintes de la lèpre et que les préservés appelaient « cacous, caqueux ou caquins ».

A compter de 1600, leurs noms aux actes paroissiaux du comté du Bois de la Roche se confondent avec ceux des seigneurs et des vassaux ; nonobstant le préjugé émis contre eux, ils sont inhumés dans l'église paroissiale au rang des simples fidèles à moins d'une épidémie de peste ou de dyssenterie ; alors chacun est inhumé au cimetière situé autour de l'église paroissiale ou tréviale.

Pour desservir ces hospices, soigner les malheureux atteints de maladies les plus cruelles, des infirmités les plus répugnantes, il faut l'abnégation, le désintéressement, la charité, la religion, toutes les vertus qui honorent les saintes femmes. Mademoiselle du Bois de la Roche sut les trouver dans les filles des tiers-ordres religieux du pays qu'elle forma, à son exemple, à passer leur vie au chevet des blessés et des malades, à panser leurs plaies et à soulager leurs misères. Elle leur donnait elle-même l'exemple d'une mère aimante et dévouée pour ses enfants adoptifs, les pauvres hospitalisés et autres.

Son père, témoin de sa sollicitude charitable, lui dit un jour : « Prenez chez moi, ma fille, ce qui est nécessaire pour le soulagement des malheureux, je veux avoir part à vos bonnes œuvres » (1). Que

---

1. Tresvaux, cité.

s'était-il passé ? Une tradition locale semble l'expliquer :

« Messire Charles de Volvire, en partie de chasse, rencontra fortuitement sa fille Anne-Toussainte, dans une de ses tournées charitables, portant dans son tablier des morceaux de pain. Il l'arrêta pour lui demander ce qu'elle portait ainsi. Elle naïvement de répondre : « Ce sont des roses, mon père !.. ». Son tablier, en effet, était rempli de roses fraîches. Ce fait miraculeux détermina un changement complet dans le cœur de son père ; il eut même un effet presque immédiat : il n'y eut plus au château cette vie somptueuse et dissipée d'autrefois » (2).

« Elle nourrissait les pauvres de Néant (à l'Hospice St-Roch). Ceux des paroisses voisines, instruits de l'affection de cette charitable Demoiselle pour les indigents, venaient aussi réclamer son assistance. Elle ne se contentait pas de leur donner quelques secours, elle leur distribuait son revenu et tout ce que son industrie pouvait leur procurer.

« Une domestique (religieuse du Tiers-Ordre) l'avertit un jour qu'un pauvre venait de changer d'habit pour ne pas être reconnu, et que par cette fraude il allait recevoir dans la journée deux aumônes ; elle donna néanmoins une seconde fois à ce pauvre, et répondit à sa domestique que la peine qu'il avait eue à changer ses haillons méritait une

2. J.-M. Foulon. Mémoires de famille inédits, Nantes, 1824. L'exemplaire que nous avons consulté est la propriété de M. Macé de la Rabinaye, au bourg d'Eviguet (Morbihan).

nouvelle aumône. La véritable charité est ingénieuse à excuser le prochain. » (1).

Ses trois hospices possédaient des refuges où la jeunesse apprenait à travailler dans le métier au goût de chacun et de chacune, afin de pouvoir gagner sa vie honorablement. Un de ces métiers, la filature du coton, s'est conservé sous l'habile direction des Religieuses du Saint-Esprit, établies depuis 1804 jusqu'à nos jours à l'hôpital Saint-Yves de Ploërmel. Comme Mademoiselle du Bois de la Roche était si bonne, elle réunissait ou faisait réunir la jeunesse dès le matin sous la direction de maîtres ou de maîtresses habiles ou diplômés, dans des salles dites « *chambres de travail* » ; on dirait aujourd'hui des « *ouvroirs* ». Là, on récitait la prière du matin et du soir, on chantait des cantiques, on faisait une demi-heure de lecture pieuse ; on fournissait à tous le repas du midi. Les dimanches et les fêtes d'obligation, tous et toutes suivaient les offices de la paroisse et se promenaient avec leur famille, ou bien tous ensemble sous la direction d'un maître et d'une maîtresse. Trois fois par semaine on leur expliquait le catéchisme.

De ces ateliers sortirent des forgerons, des charpentiers, des charrons, etc. reçus *maîtres* par les patrons des corporations d'ouvriers avant de quitter l'hospice. Les filles y confectionnaient la lingerie, des bonnets, des gants, etc. Quand chacun ou chacune savait travailler, on lui payait son ouvrage tous les

1. Tresvaux, cité.

samedis. On estimait les jeunes filles ainsi élevées, et elles trouvaient facilement à s'établir.

L'établissement des métiers annexés à ses hôpitaux, arrachait chaque année quantité d'enfants, de jeunes gens des deux sexes à la misère, à l'ignorance et à l'immoralité ; il leur donnait la fortune la plus solide, l'amour du travail, de la patrie et de la religion.

Ses hospices étaient encore des arsenaux contre la mendicité ou des magasins aux vivres et aux vêtements de toutes sortes, où les gens dans le besoin trouvaient du pain, de la boisson, des œufs, des bouillons, de la viande, des médicaments, des confitures, des habits, du bois, enfin toutes les provisions nécessaires à la vie. Chaque jour la marmite était préparée pour les malades. Le nombre des nécessiteux était parfois si grand que Mademoiselle du Bois de la Roche donnait sa part du bouillon surtout à Joseph Chaussé, le chef des tailleurs si occupés à confectionner le nombre suffisant des vêtements destinés aux pauvres.

Il nous tarde d'arriver à dire quelques mots de chaque hospice ou œuvre en particulier.

1º *Œuvre des Dames charitables*. Toute jeune, Mademoiselle du Bois de la Roche fut témoin de la misère du pauvre. Parvenue à l'âge mûr, elle chercha où se trouvait l'abîme le plus profond de la misère, et sa pensée se tourna vers la classe ouvrière des différentes corporations dont les statuts étaient souvent violés impunément. Celle des cordiers, assez nombreuse alors dans le pays, était devenue demi-mendiante de profession, à l'imitation de ses ancêtres les lépreux, appelés « cacous ou caqueux », et fixés dans les faubourgs, et là fort abandonnés à eux-mêmes dans une sorte de paresse ou apathie native. La bonne Demoiselle s'occupa activement d'eux, comme nous l'apprend l'édit de Louis XIV, en 1685, relatif à l'Hôpital Saint-Yves de Ploërmel, qu'elle avait obtenu de sa Majesté. Combien de ces gens, préférant à tous les secours des hôpitaux, la pauvreté, l'humidité, l'obscurité de leurs réduits où ils se trouvaient du moins entourés de leurs enfants, expiraient sans que ni l'humanité ni la religion aient allégé ou même connu leurs douleurs !.. Mademoiselle du Bois de la Roche réalisa la pensée d'établir sous sa haute direction *l'œuvre des malades*, à l'exemple de saint Vincent de Paul et des Filles de la Charité.

Cette œuvre donnait aux Dames de Saint-Thomas de Villeneuve et aux filles des Tiers-Ordres religieux l'appui des riches et des grands. La charité ne se contentait plus alors de l'aumône ; elle accomplissait tous les préceptes de la fraternité évangélique ou les quatorze œuvres de miséricorde. Des dames venaient passer leurs heures de loisir près du lit des pauvres, les consoler et les secourir, leur inspirer la foi et l'espérance et leur donner un avant-goût du ciel. Placées sous la haute direction de la bonne Demoiselle, ces dames formaient comme une arrière-garde qui maintenait partout les secours d'une charité toujours prudente et habilement distribuée. Voilà l'œuvre qui conserva jusqu'à la fin de sa vie sa prédilection et les soins de sa vigilance maternelle.

Bénie de Dieu, soutenue par le zèle de son évêque et de ses auxiliaires ainsi que des Filles des Tiers-Ordres, entretenue et développée par le généreux concours des fidèles, l'œuvre (on dirait aujourd'hui du Bon Pasteur) prospéra. Durant ses vingt ans d'apostolat chrétien, nous ne pouvons dire la multitude des pauvres qui ont été secourus et consolés, nous ne pouvons compter le nombre de fois que la charité chrétienne les a visités dans leur affliction. Prête à quitter ce monde, les pensées de la bonne Demoiselle purent se porter avec bonheur sur cette *Société de Dames charitables*, composée d'une quantité de membres prêts à suivre ses traces, et qu'elle laissait comme un précieux héritage à son pays.

Ainsi, Mademoiselle du Bois de la Roche, unie aux Dames charitables, était « la bonne odeur de Jésus-Christ » (1) en répandant des parfums sur la tête et les pieds du Sauveur, à l'exemple de Marie Madeleine, dans les membres souffrants et délaissés de son corps mystique. Mais continuons.

Les hospices laissant à désirer, comme nous l'avons vu, sous le rapport de la tenue, l'économie et autres, Dieu sem- ble avoir suscité Mademoiselle du Bois de la Roche pour tout régler dans ceux du pays avec l'aide des Tiers-Ordres et des Dames charitables. Elle s'occupaavec un zèle désintéressé de ceux de Guilliers, de Ploërmel et du Bois de la Roche.

1. 1 Cor. ii.

2° *Hospices ou Madeleines de Guilliers et du Bois de la Roche.*

> « Ce pauvre mourut et fut porté par
> les Anges dans le sein d'A-
> braham » (1).

Après la promulgation du iii° concile de Latran (1179), dont le xxv° canon porte : « Que partout où les lépreux seront en assez grand nombre, vivant en commun, pour avoir une église, un cimetière et un prêtre particulier, on ne fasse point de difficulté de leur en donner », mais surtout après la destruction de l'Etat de Jérusalem (1187), beaucoup de chevaliers de la Croix, prêtres et laïques, de Saint-Jean ou de Saint-Lazare quittèrent la Palestine pour retourner dans leur pays et voler au secours des lépreux. Leur zèle déborda de toutes parts en France pour l'établissement des léproseries (2).

1. Luc. xvi, 22.

2. De ces asiles de la souffrance, il nous est resté un souvenir ineffaçable qui fut pour nous une vision du prophète Ezéchiel. Il s'agit de la léproserie de la Désirade (1). Là se trouvent des gens, petits et grands, pauvres ou riches, sur qui la lèpre s'est abattue. Ils ont le teint et l'haleine cadavériques, la voix rauque semblable au bruit de castagnettes, les chairs gonflées, rongées ou pourries qui, dans les vides, laissent les entrailles à nu ; des mains et des pieds à phalanges disparues, quand ce n'est pas

(1). La Désirade, île des Petites Antilles, dépendance de la Guadeloupe.

« Louis VIII Le Lion, par testament, légua des sommes d'argent à deux mille léproseries ; ce qui prouve combien la lèpre faisait de ravages depuis que les Croisés l'avaient apportée d'Orient. La charité prodigue enrichit ces léproseries. On pensa dans la suite à les dépouiller ; et, pour avoir une raison. on accusa les lépreux ou ladres des plus grands crimes. Philippe V Le Long confisqua tous leurs biens dans son domaine » (1), sans toucher à ceux de la Bretagne, pays d'autonomie.

Les Madeleines ou léproseries de Saint-Louis de Guilliers et de Saint-Roch du Bois de la Roche jouissaient de ce bienfait en faveur des ladres, appelés communément « cacous » par les préservés. Philippe de Montauban, comme ses prédécesseurs, conserva ces charitables institutions qui, à la disparition de la lèpre, devinrent les hospices de Saint-Louis et de Saint-Roch, modelés sur la célèbre « Confrairie

l'extrémité des bras et des jambes. Les mouvements de ces éprouvés s'opèrent au moyen d'une sorte de béquille ou de bâton ; les uns se servent de demi-bras ou de demi-jambes, les autres se roulent sur la terre pour avancer ou reculer. A un certain degré de la maladie, ils demeurent sans mouvements autres que ceux qu'une main gantelée charitable leur imprime. Ces masses informes d'êtres humains en putréfaction se croit demi heureuses quand le fléau épargne la tête ; mais plusieurs conservent les orbites, les canaux auditifs ou nasaux, sans yeux, sans nez, sans oreilles...

Ces spectres animés pourraient être sans espérance, pensions-nous, quand l'un d'eux nous dit : « Oh ! que Dieu est bon ; il nous préserve du purgatoire ; de plus, il met à nos chevets la Sœur de Charité aux paroles douces et pleines d'espoir pour nous consoler, ranimer notre courage ; le prêtre pour nous administrer les sacrements et nous ouvrir le ciel. »

1. Millot. Histoire de France, t. I, p. 303. — 1775.

de Saint-Roch de Rennes ». Cette confrairie avait à sa tête un prêtre-gardien, assisté de trois prévots laïques administrateurs ou économes, nommés ou présentés par les seigneurs prééminenciers du comté du Bois de la Roche.

« Le gardien avait droit à une pension de 200 liv., à sa nourriture et à celle de son domestique. Il devait être homme de bien, sage, prudent, vivant sans scandale et de bon exemple. Il avait pour mission d'assister les malades jour et nuit, de leur administrer les sacrements, de veiller à leur nourriture et à leur traitement ; de tenir les registres des comptes, des entrées, des sorties, des baptêmes et des décès dont il contresignait les actes avec le Recteur ou son délégué ; de recevoir les testaments ou les dernières volontés des mourants. Il ne pouvait s'absenter sans une autorisation spéciale. Il était à la fois aumônier, infirmier, comptable et tabellion ou notaire » (1).

Plus tard, le 10 janvier 1682, le seigneur comte Joseph de Volvire de Ruffec, dans sa déclaration au Domaine royal, dit : « Au devant du château du Bois de la Roche est une place où se trouve, entre autres bâtiments, une vieille église fondée de M. Saint-Roch » (2). Pour lui, seigneur chrétien, l'église est la principale pièce ou bâtisse de l'Hospice Saint-Roch. Vu les « halle et auditoire » existants, les bâtiments disparus pouvaient être peu considéra-

1: Histoire de Rennes et Registres paroissiaux du comté du Bois de la Roche.

2. X. de Bellevue. — Hôpital Saint-Yves, p. 3-5. — Registres paroissiaux.

bles, de même que ceux de Saint-Louis de Guilliers situés autrefois au N.-E. du bourg ; et, sans doute, non clos de murs comme les anciennes écoles chrétiennes que nous verrons dans la suite.

« Le service était fait par des domestiques à gages » (1), pris le plus souvent parmi les associés des Tiers-Ordres religieux.

Dans ces hospices étaient admis les vieillards et les infirmes, même les enfants trouvés ; les mendiants y recevaient l'aumône de même que parfois le couvert ; les malades étaient visités, au temps de Mademoiselle du Bois de la Roche, par elle-même qui, au besoin, appelait le Père Carme, médecin de Ploërmel ; et, en général, les voyageurs indigents y trouvaient un asile. On les recevait tous d'un air joyeux, on leur lavait les pieds, on les servait à table ; et, quand ils partaient, on leur remettait une aumône pour qu'ils puissent continuer leur voyage.

3° *Hospice Saint-Yves de Ploërmel.* — L'Hôpital de Ploërmel existait primitivement au bas de la rue actuelle de l'Hôpital, qui va à la gare, et il en est fait mention dès le XIIe siècle. L'administration temporelle de cet Hôpital fut confiée jusqu'en 1666 à des laïques, et la ville, en 1666, fit venir pour le diriger trois Religieuses de l'Ordre de Saint-Thomas de Villeneuve, récemment fondé à Lamballe, avec lesquelles la communauté de ville passa un traité le 16 février 1666.

Bientôt cet Hôpital, dit d'En-bas, étant devenu

1. Lieu cité.

trop petit et reconnu malsain, un nouvel Hôtel-Dieu, sous le vocable de Saint-Yves, fut bâti vers 1688 sur des terrains estimés 1550 liv. et nommés Calmon-Haust, dans la trêve de la Sainte-Trinité, aux rues Minier de Ploërmel. L'architecte en fut un sieur Gruaud, et le Roi, par lettres-patentes de juillet 1684, avait approuvé le nouvel Hôpital. Dès l'inauguration de cet hospice, la ville se brouilla avec les Dames de Saint-Thomas ; il y eut procès ; la cour annula le traité du 16 février 1666, et condamna la ville à donner aux trois Religieuses directrices une indemnité de trois cents livres. C'était à Mesdames Françoise le Nepvou, Anne le Meignan et une sœur converse. L'Hospice fut plus tard, comme avant ces Dames, dirigé par des Laïques jusqu'en 1804, époque où les Dames du Saint-Esprit de Plérin Saint-Brieuc y furent appelées pour en prendre la direction.

L'emplacement du nouvel Hôtel-Dieu, concédé en 1683 par Mademoiselle du Bois de la Roche, relevait du fief de la seigneurie de Malville, alors possédée par Gabriel de Boisgelin, comte de Mesneuf, lequel déclara renoncer à toute redevance féodale sur le nouvel établissement tout en gardant à perpétuité le titre de « seigneur fondateur et prééminencier. »

Louis XIV, par ses lettres-patentes de 1685, voulut que ses armes fussent mises au-dessus de la porte principale, et s'en déclara conservateur et protecteur. Il institua un comité de direction et de surveillance composé de l'évêque de Saint-Malo, du recteur de Saint-Armel, du gouverneur de la ville, des trois juges du siège et du procureur du Roi, du syndic en charge et de douze notables éligibles tous les trois ans et renouvelés par moitié.

Tel fut un des résultats de l'action bienfaisante de Mademoiselle du Bois de la Roche procuratrice de cet hôpital Saint-Yves. Aussi la communauté de ville envoya-t-elle une députation au château du Bois de la Roche pour l'en remercier (1).

Du vivant de Mademoiselle du Bois de la Roche, comme après sa mort, l'hôpital Saint-Yves jouit de deux cents livres de rente constituée par elle sur la Chambre des Comptes de Nantes, comme nous l'apprend son acte de dernière volonté. L'Etat, en 1793, s'est emparé du fonds et des rentes.

A peine cet hôpital fut-il bâti et meublé, que Mademoiselle du Bois de la Roche y consacra, comme précédemment, une partie de son temps aux soins des pauvres, des malades et des métiers. Aussi ne décidait-on rien dans les affaires où les pauvres avaient intérêt sans la consulter ; on lui soumettait les plus grandes difficultés et on suivait ordinairement son avis : elle y voyait clair, il semble même que Dieu récompensait, en sa personne, le zèle par la lumière. Une si grande charité, surtout de la part d'une personne de son rang, devait ce semble exciter la plus vive reconnaissance ; cependant, on ne tarda pas à payer d'ingratitude tant de bienfaits, en lui suscitant de mauvaises chicanes. Elle crut devoir interrompre pour un temps ses généreux services dans cet établissement ; mais les pauvres, ainsi que

1. Délibération de Ploërmel, 1685.

les ouvriers et ouvrières, qui étaient témoins de son humilité, et qui recevaient tant de marques de son affection, lui rendirent justice, en lui donnant le nom de *mère* ; titre bien propre à la dédommager des contradictions qu'elle eût d'ailleurs à souffrir » (1).

§ III. Son Zèle dans l'Éducation.

> « Ceux qui auront guidé les autres dans les voies de la vraie sagesse, brilleront comme des étoiles dans les perpétuelles éternités » (2).

Ces paroles de la Vérité même encouragèrent Mademoiselle du Bois de la Roche à s'occuper activement non seulement des malades, des pauvres, de la classe ouvrière, mais aussi de la formation d'éducatrices du peuple, qui furent les Filles des divers Tiers-Ordres religieux. Elle les réunissait au Bois de la Roche en commun pour les former à tenir les petites écoles de la campagne, à panser les blessures, à assister les malades, à s'appliquer au soulagement du prochain. Son humilité n'osait prétendre qu'à entretenir principalement dans la ferveur chaque membre des Tiers-Ordres religieux établis dans le diocèse.

1. Tresvaux, p. 277.
2. Deut. xii, 3.

Ces Filles des Tiers-Ordres pansaient chaque jour quantité de blessés sur le territoire du comté, faisaient l'école aux petites filles et aux femmes, confectionnaient du linge et des ornements pour les églises et les chapelles de la campagne, formaient à leur tour des maîtresses d'école pour les villages, suivaient pour les exercices spirituels ceux qui étaient en usage dans la paroisse. Entrons dans l'esprit de la direction de cette œuvre que Mademoiselle du Bois de la Roche regardait comme l'œuvre du bon Dieu par excellence.

Elle aimait les Filles des Tiers-Ordres toutes également en Dieu et pour Dieu. Elle les entretenait d'une manière douce, tendre, civile et même respectueuse. En quelque temps que ces Filles l'eussent abordée, elle se gardait de se laisser aller à un air fier, haut, impérieux, à un ton suffisant et superbe : toutes ces choses regardent la personne humaine et mondaine, plutôt que l'épouse de Jésus-Christ anéantie et pleine de charité.

En toutes choses, leur disait-elle, au rapport de la tradition, pour parler, penser et agir, Jésus-Christ a fait ce que vous faites tous les jours, hormis le péché, c'est pourquoi vous devez le regarder comme un peintre regarde quelqu'un qu'il veut reproduire. Quand vous priez, regardez comme il a prié ; quand vous conversez, regardez comme il a conversé ; de même pour les repas, le silence et le travail ; quand vous êtes dans la tentation, regardez comme il a fait pour la surmonter ; quand vous êtes malades, voyez comme il a fait dans sa sainte Passion ; quand vous êtes dans la peine d'être pauvres, regardez-le dans la crèche et encore dans le Saint-Sacrement de l'autel ; quand vous êtes méprisées, regardez Jésus-Christ traîné dans les rues de Jérusalem comme un scélérat, et crucifié entre deux voleurs ou larrons ».

A ces paroles, brûlantes de charité, elle ajoutait pour stimuler leur zèle dans leurs fonctions d'institutrices de la jeunesse : Jésus-Christ a dit : « Laissez venir à moi les petits enfants » (1) et « ceux qui les accueilleront et leur feront du bien, m'accueilleront moi-même, me feront du bien à moi-même » (2). Comme vous devez estimer votre vocation d'institutrices !... Demandez à Jésus enseignant la patience pour supporter les défauts de la jeunesse. Voyez en ces enfants non un motif de colère, mais de compassion. Demandez-lui souvent l'intelligence, nécessaire pour discerner les caractères si différents et les moyens à prendre pour les réformer et les redresser. Ajoutez-y une bonté pleine de justice qui ne fait exception de personne et qui n'a de préférence que pour les pauvres et les moins doués sous tous les rapports. Vous avez besoin de cette gravité pleine de douceur qui inspire le respect en ouvrant les cœurs. Soyez fermes sans dureté avec la désobéissance, indulgentes sans faiblesse.

En formant ces enfants à une bonne tenue, à un langage honnête, à l'esprit de prière, à l'étude de la religion, de la lecture, de l'écriture, des travaux à l'aiguille, au tricottage ou à la filature, n'oubliez pas

1. Matth. xix, 14.
2. Matth. xix, 40.

de former les cœurs à la vertu, à la fuite du mal afin de préparer des élus pour le ciel et non des damnés pour l'enfer en la personne de ces enfants dont l'âme est à l'image de Dieu même (1).

Que de fois et sous combien de formes différentes la pieuse Demoiselle dut répéter ces paroles, en parcourant les campagnes en compagnie de sa domestique ou de sa petite protégée, Anne du Parc ! (2).

Toute jeune Anne du Parc fut initiée aux œuvres de bienfaisance. Mademoiselle du Bois de la Roche la menait avec elle dans les hôpitaux et au chevet des malades en lui disant : « Sache le bien, le chemin des hôpitaux est le chemin du ciel ». Elle lui donnait de minimes pièces de monnaie pour ses menus plaisirs, et, afin de l'habituer à l'ordre et à l'économie, elle lui faisait tenir un compte exact de ses dépenses. A la campagne, elle l'habituait à faire le catéchisme aux enfants pour lui apprendre à parler de Dieu et à secourir l'âme des pauvres aussi bien que leur corps. A quatorze ans, elle la traitait presque comme sa sœur et l'associait même à ses bonnes œuvres.

Que ne sont-elles à tenir notre plume ces Filles

1. La tradition.

2. Du Parc. — Famille d'ancienne extraction chevaleresque dont le berceau est et Le Gouray, paroisse de l'évêché de Saint-Brieuc. L'une des branches s'est fondue dans les de Troussier, de Saint-Brieuc de Mauron. Les « Du Parc » avaient un de leurs enfeux dans l'église de Brignac, devant le maître-autel. Il existait aussi une terre noble de « Du Parc » en Beignon appartenant aux Hamon, puis au Pellerin.

Dictionnaire de la Noblesse. — Archives paroiss., série E p. 214.

ou Veuves des Tiers-Ordres si répandues au comté du Bois de la Roche, pays adoptif de sainte Onenne, fille de Hoël III, roi de la Bretagne-Armorique et de saint Judicaël, roi ! Elles ajouteraient sûrement à notre récit et nous diraient dans leur patois d'alors, des choses sublimes au point de vue chrétien, relativement au zèle de la pieuse fondatrice, protectrice et inspectrice des petites écoles placées sous la direction générale de l'évêque de Saint-Malo.

Elle aimait à balbutier avec les enfants et à les entendre balbutier devant les Filles des Tiers-Ordres, leurs institutrices, les éléments de la doctrine chrétienne. De simples images ou objets pieux étaient distribués de temps en temps, par ses soins, comme encouragements à bien apprendre. Quand arrivait le moment de la première communion, les enfants, leurs maîtres et leurs maîtresses étaient bien joyeux, mais nul ne l'était plus que Mademoiselle du Bois de la Roche tourmentée qu'elle était par la faim et la soif de penser à Jésus-Christ, de parler à Jésus-Christ, de brûler tous les cœurs de ce feu sacré que Jésus-Christ est venu apporter sur la terre.

C'est non loin du château du Bois de la Roche et de l'église Saint-Roch qu'était établie l'école, aujourd'hui on dirait l'école de formation des institutrices du peuple, lesquelles sous l'œil de la pieuse Demoiselle se formaient à cette vie d'éducatrices pendant qu'au château même, avec ses frères et ses sœurs, se formait la moyenne classe de la société, sans fortune suffisante pour être envoyée en pension.

Nous ne dirons rien de l'action bienfaisante des Ursulines, des Carmélites, des Calvairiennes, des Dames de Saint-Thomas de Villeneuve, du Bon-Pasteur, de la Croix, des Filles de la Charité, établies dans les grands centres du diocèse.

Conclusion : l'Eglise, désireuse du salut de tous et apôtre du monde, s'adresse comme son divin Fondateur à toutes les conditions et à tous les âges ; mais elle a toujours eu des prédilections pour l'enfance et toujours fait de l'éducation chrétienne une des plus saintes de ses sollicitudes.

§ IV. Son Zèle dans l'Érection des Croix.

> Par ce signe, tu vaincras.

> Un talus vert, au bord d'une lande bretonne ;
> Au pays des mystères et des grands souvenirs,
> Des vieux chênes tordus sur l'onde qui moutonne,
> Et des champs d'ajoncs d'or d'où sortent les menhirs...
>
> V. Delaporte.

Sur l'inscription des « Croix de granit » placées aux carrefours des vieux chemins, aux côtés des routes anciennes du comté du Bois de la Roche, le touriste lit les chiffres, ici : 1666, 1673, 1680, etc. ;

là : 1683, 1690, etc., et tout naturellement il se demande quel fut l'instigateur des plantations de « Croix » multipliées sur ce territoire, quel fut ce missionnaire, ami de la Croix. Et ces croix, par leur millésime, lui disent : ce fut Mademoiselle du Bois de la Roche qui parcourait la contrée, on le sait, à cette époque ; oui, ce fut elle, l'apôtre du pays.

Le château du Bois de la Roche comme la place Saint-Roch sont dominés par un calvaire ; la chapelle Sainte-Anne, l'oratoire du château, la chambre de Mademoiselle du Bois de la Roche avaient leur crucifix respecté et honoré. « Mademoiselle a prié là », se disait-on en passant devant une de ces croix ; on se signait, on y priait à genoux, rapporte la tradition. Sur ces croix ou calvaires, le Christ a les bras très étendus ; ainsi se voient ceux de l'ancien cimetière de Néant, de la chapelle de N.-D. de Kernéant et les autres du pays. Et ces calvaires, comme ces croix, font le bonheur de tous : le juste cache ses mérites à ses pieds où il dépose ses peines ; à ses bras, il s'attache par la mortification et la pénitence. Le méchant frémit à sa vue, car le Christ lui prêche les privations à lui qui veut les jouissances ; il lui enseigne l'humilité, la pauvreté à lui qui désire la gloire et la richesse. Devant la croix, brillante de ses rayons célestes, Jésus-Christ jugera les justes et les méchants : les uns seront remplis d'allégresse, les autres couverts de confusion. Tel fut le pourquoi de l'érection de tant de croix ou calvaires.

D'ailleurs, les *plaies du Christ,* conservées sur son

corps ressuscité et glorieux tel qu'il se trouve au ciel et dans l'Eucharistie, nourrissaient en Mademoiselle du Bois de la Roche sa foi, sa confiance et sa charité. Elle y fixait ses regards à la rencontre d'un calvaire, collait ses lèvres sur son crucifix. Ces *plaies* divines étaient pour elle un enseignement : celles des pieds sacrés lui apprenaient à marcher sans craindre la fatigue là où sa vocation charitable l'appelait, là où il y avait du bien à faire, des peines à consoler, des pécheurs à ramener à Dieu, des malades à visiter et à soigner. Les *plaies* des mains divines l'invitaient à dire : Seigneur, mon Dieu, ne méprisez pas l'ouvrage de vos mains. Les plaies que vous y avez demandent grâce et miséricorde pour moi ; exaucez-les et sauvez-moi (saint Augustin). La plaie du sacré côté, entrée du sanctuaire d'amour, de grâce et de bénédiction, était pour elle le refuge mystérieux où la colombe se met à l'abri du milan ou le refuge assuré contre les assauts du monde et du démon, où elle reposait en sûreté (id.). Au pied de la croix, enfin, elle apprenait à aimer Dieu tous les jours davantage et croissait ainsi dans la perfection chrétienne. Mais continuons.

§ V. Ses Relations avec sa Famille

A dessein nous avons interrompu notre récit pour présenter Mademoiselle du Bois de la Roche dans sa vie pieuse et laborieuse, revenons-y pour l'étudier dans son ensemble vis à vis de sa famille.

A la fin d'une vie laborieuse, Dom Etienne Prévost, prieur-recteur de Guilliers, avait préparé son grand'père paternel, Henri de Volvire, à paraître devant Dieu et avait conduit solennellement son corps, avec le clergé, du comté à sa dernière demeure, aux Carmes de Ploërmel, en 1642. — Sa grand'mère paternelle, Hélène de Talhouët, qui vivait douairière au Bois de la Roche, en 1658, se retira à Paris dans l'Abbaye-aux-Bois où elle mourut veuve, en 1663. Le portrait de Mademoiselle du Bois de la Roche nous la représente appuyée sur sa tombe. — Anne de Volvire, sa tante aînée, continue au monastère du Colombier de Rennes et au Séminaire des Filles de la Sainte Vierge des Dames Budes de la même ville, l'éducation des jeunes filles nobles qui, selon leur vocation, deviendront les anges du cloître ou du foyer. Au Colombier, elle-même s'était formée à l'esprit de saint François de Sales. — Dans le même temps, Hélène de Volvire, son autre tante, s'était retirée à Lamballe avec Mademoiselle Le Bohu de la Pommeraye pour être l'appui des Dames de Saint-Thomas de Villeneuve, l'instigatrice de la formation de quatorze établissements de cet ordre hospitalier où, comme à Ploërmel et ailleurs, elle était la gouvernante générale d'hospices de vieillards, d'enfants et d'infirmes. Cela, après avoir achevé, avec sa mère, l'éducation de Mademoiselle du Bois de la Roche. — En 1680, Anne-Toussainte de Volvire a la douleur d'apprendre la mort de son oncle aîné Hyacinthe de Volvire, comte de Ruffec, seigneurs de Dréors, etc., décédé au château de Dréors en Priziac. — Son autre oncle, François de Volvire, le jésuite, vivait en 1704. — Quant à son plus jeune oncle, Alexis de Volvire, carme réformé connu sous le nom de Père Victor, il habite le couvent de Paris, en 1694, et a la garde du constitut charitable de sa pieuse nièce, Mademoiselle du Bois de la Roche, en faveur de l'Hôpital Saint-Yves de Ploërmel.

En 1652, la bénédiction nuptiale de ses parents en la chapelle de Saint-Joseph de Menoray, en Locmalo, avait été donnée par le recteur de cette paroisse. — Son frère aîné, Joseph de Volvire, a pour parrain le vénérable messire Pierre Anmézo, prêtre de Néant, âgé de 114 ans, suivant sa déclaration. Avant 1678, il reçut après diverses démissions le comté du Bois de la Roche, et épousa, cette même année, Madeleine-Elisabeth de Baux de Sainte-Frique ou Afrique. Mademoiselle du Bois de la Roche elle-même s'était démise de son titre honorifique de « Demoiselle » du Binio, en Augan, en faveur de son frère. — Ses quatre sœurs, Geniève, Hélène, Béatrix et Marguerite entrèrent successivement aux couvents des Ursulines de Ploërmel ou de Muzillac à l'imitation de sainte Angèle de Mérici, pendant que Marie-Charlotte, son autre sœur, se faisait religieuse Bénédictine à Saint-Georges de Rennes, à l'exemple de sainte Scolastique. — Sa 6e sœur, Agathe-Blanche, épousa en 1691, dans la chapelle Sainte-Anne du Bois de la Roche, Sébastien de l'Olivier de Lochrist, comte de Saint-Maur, en Mernel. — Son père, Charles de Volvire, parvenu à la fin de sa carrière, fut administré, en 1692, par messire Bellanger, recteur de Néant, qui, avec le clergé du comté, le conduisit au tombeau de ses ancêtres, aux Carmes de Ploërmel. Que le lecteur nous permette d'insister sur la fin édifiante de ce grand seigneur et fervent chrétien. Les desseins de Dieu sont insondables, sa sagesse déroute la nôtre à courte vue. Charles de Volvire, ce père charitable, associé aux bonnes œuvres de sa fille, semble nécessaire au *comté* du Bois de la Roche, et Dieu l'appelle à lui au moment où les œuvres de miséricorde sont dans toute leur splendeur : l'enseignement des ignorants, la correction des défaillants, les conseils salutaires à ceux qui en ont besoin, la consolation des affligés, le support patient des injures, le pardon des offenses, la prière pour les vivants et pour les morts et pour les persécuteurs ; — donner la nourriture et les vêtements aux nécessiteux, racheter les captifs, visiter les malades et les prisonniers, loger les pélerins et les étrangers, ensevelir les morts, toute misère spirituelle et corporelle mise à point selon les préceptes divins. Deuil sur deuil étaient venus frapper Mademoiselle du Bois de la Roche depuis la mort de Hélène de Talhouët, sa grand'mère, jusqu'à celle de son oncle Hyacinthe de Volvire ; mais nul ne l'avait désolée dans le plus intime de ses affections terrestres comme la mort de son père.

Dès son retour de Paris, en 1690, la pieuse Demoiselle avait trouvé son père bien aimé fatigué des luttes de la vie, de la direction d'une famille nombreuse et d'affaires de toutes sortes : c'était le voyageur épuisé qui aperçoit sa patrie. Après plus d'un an de souffrances supportées avec résignation et entouré de l'affection des siens, des soins les plus dévoués du médecin (un Père Carme), de son épouse, de sa fille (Mademoiselle du Bois de la Roche), de sa bru, Charles de Volvire rendit son âme à Dieu le 26 février 1692, en la fête de la Translation du corps de sainte Bathilde, reine de France.

La nouvelle de sa mort se répandit comme une traînée de poudre dans le comté du Bois de la Roche et au-delà. Le chanoine Lanté, prieur-recteur de Guilliers, comme son prédécesseur Dom Etienne Prévost, pouvait écrire au registre de sa paroisse : « Le 26e jour de février 1692, décès de Charles de Volvire marquis du Bois de la Roche, à son château du dit lieu. Son corps embaumé demeura huit jours en la chapelle Sainte Anne du château. Un service fut célébré tous les jours par les recteurs des paroisses voisines, à tour de rôle. Le quatre mars, le corps fut mis dans un carrosse tiré de six chevaux, avec carrossier et postillon et conduit à Ploërmel. Grande affluence de prêtres et de peuple de tout rang. Reçu par les Pères Carmes et tout le Clergé de Ploërmel, il entra dans la ville par la Porte de Haut et il en sortit par la Porte de la Petite-Ville pour être mené à la chapelle ardente de Notre-Dame de Recouvrance préparée dans le chœur de l'église de Notre-Dame du Mont-Carmel des Pères Carmes toute tendue, toute illuminée et chargée d'écussons. Là eut lieu un nouveau service suivi d'une oraison funèbre et de l'inhumation dans le tombeau et chapelle du Bois de la Roche, situés à droite dans la dite église des Pères Carmes ».

Les jours de deuil passés, passèrent-ils jamais pour elle ? Mademoiselle du Bois de la Roche se ressouvint qu' « à l'orphelin Dieu lui-même vient en aide » (1). En lui enlevant son père, la mort avait non pas anéanti, mais épuré et consacré la sollicitude qu'il avait eue en cette vie pour les siens et en particulier pour elle si charitable. Nous ne croyons pas nous tromper en attribuant à la mystérieuse influence de Charles de Volvire, désormais uni à Dieu dans l'indéfectible lumière des cieux, le courage surhumain qui dominait sa fille pour continuer ses œuvres.

D'autres appuis moraux lui restaient cependant, c'était sa mère, cette tendre mère que nous avons jusqu'ici à peu près laissée dans l'ombre pour la faire paraître avec éclat en son temps, puis son frère Joseph et sa belle-sœur Madeleine-Elisabeth, tous unis dans la plus douce et sainte affection.

D'ailleurs, dans un esprit prophétique, n'avait-elle pas dit et répété à qui voulait l'entendre : « Je ne veux me reposer qu'au ciel et pas auparavant ».

La tradition rapporte que deux autres frères de Mademoiselle du Bois de la Roche entrèrent dans l'ordre du Carmel et continuèrent d'embellir cette fleur de la très sainte Vierge plantée en Bretagne avant 1303, à Ploërmel. Déjà deux de ses oncles, François et Joseph, ornaient la société de Jésus, amie du Sacré-Cœur et défenseur de la sainte Eglise.

---

1. Ps. x, 14.

Tandis que Mademoiselle du Bois de la Roche s'occupait activement à servir Dieu et les membres de Jésus-Christ, il se présenta pour elle, en 1690, une occasion de faire un second voyage à Paris. Richelieu et Mazarin ainsi que leurs adeptes étaient descendus dans la tombe ; la conspiration de Marillac était oubliée ; des rapprochements intimes avec la cour étaient attendus ; les amis toujours renaissants jetaient les yeux sur le beau nom de « Volvire » si dignement porté. D'un autre côté, Joseph de Volvire et son père ont cherché à faire revivre le souvenir des services de leurs ancêtres. Qui charger de cette mission aussi délicate qu'intéressée de part et d'autre ?

Deux de ses neveux, Joseph II et Philippe-Auguste-Joseph, l'un âgé de neuf ans et l'autre de sept ans, devaient être placés au collège Louis-le-Grand, et ses parents voulurent qu'elle les y conduisît et qu'elle les y présentât ; puis, ses œuvres de plus en plus prospères, demandaient de nouvelles ressources. Mais elle sentait une grande répugnance à reparaître au milieu des grands ; elle se rendit néanmoins aux vœux de sa famille, à condition qu'elle conserverait son costume de « Sœur de Sainte Marie de la Visitation » qu'on voulait lui faire changer contre un vêtement du siècle.

Comme sa tante Hélène de Volvire, elle dut descendre avec ses neveux à l'Abbaye-aux-Bois, (1) rue

---

1. Remarquons que, à cause de sa tante Hélène de Volvire, toujours existante à cette Abbaye, Mademoiselle du Bois de la Roche préféra ce domicile pieux à l'Hôtel Montauban ou de sa famille, situé au même quartier de la Capitale.

de Sèvres, 16, à Paris, maison dirigée par les Religieuses Bernardines, où, âgée de 17 ans, un peintre avait pris son portrait par ordre de son père. C'était même une occasion pour elle de revoir cette tante chérie, gardienne et éducatrice de son enfance, et de faire renouer cette tendre affection pour ses deux petits-neveux dont elle allait momentanément devenir la mère. Puis, le R. P. Victor, carme, ne semble pas étranger à ce voyage. Il avait quitté le couvent de Ploërmel pour aller habiter celui de Paris ; il attendait sans doute lui aussi ses petits-neveux et sa pieuse nièce, Mademoiselle du Bois de la Roche, désireux d'avoir des nouvelles de la famille, de son neveu, Joseph, dont l'épée était au service de la Bretagne ou au gouvernement de la ville et sénéchaussée de Ploërmel.

« Pendant le court séjour qu'elle fit dans la Capitale, on parla d'elle à Louis XIV. Ce grand roi qui montrait tant d'estime pour la vertu et qui honorait ceux qui la pratiquaient, désira qu'elle lui fût présentée. Mademoiselle du Bois de la Roche, admise en audience, l'entretint d'une manière agréable » (1).

Avec ses respects et ceux de sa famille, elle présenta au Roi ses deux neveux, Joseph et Philippe-Auguste. Puis, considérant les grands de la cour et les humbles habitants du comté du Bois de la Roche, elle établit la différence en faveur de ceux-ci. Elle essaya ensuite de donner la mesure de bonté de part et d'autre entre les seigneurs bretons et leurs vassaux ; elle attribua cette charité réciproque au

1. Op. de 36 p.

bienfait de la religion toujours en très grand honneur, non seulement dans le comté, mais dans toute la Bretagne. Puis, arrivant aux bonnes œuvres semées partout, elle énuméra les sacrifices pécuniers des particuliers et, enfin, les siens relatifs à ses œuvres en pleine prospérité. A notre grand regret, nous n'avons pu retrouver cette énumération. Si elle demeure cachée présentement, nous la connaîtrons, du moins, au jour des révélations.

Louis XIV, plein d'admiration pour cet autre Vincent de Paul et charmé de son esprit et de sa vertu, lui donna une somme d'argent pour l'aider à continuer ses œuvres charitables, et lui promit son appui. Il tint à sa parole, surtout à propos de l'Hôpital Saint-Yves de Ploërmel, comme nous l'avons vu. Il avait compris son langage, ce monarque qui sut mettre sous les yeux de ses enfants les actes de leur baptême confondus avec ceux des derniers du peuple.

Ce trait, remarquent ses biographes, qui fait également honneur à Louis XIV et à celle qui en fut l'objet, prouve que la piété bien entendue s'allie facilement avec un caractère aimable, et que, loin de lui nuire, elle lui prête de nouveaux charmes.

CHAPITRE III

LA FIN DE SA VIE

§ 1er. Avant sa Mort

1° *Sa mortification.*

« Les justes seront dirigés sagement
dans leur simplicité » (1).

De moyenne taille, forte de constitution, Mademoiselle du Bois de la Roche a su, sous cette robuste enveloppe que cachait une âme ferme, s'élever par l'humiliation de l'esprit à la hauteur de l'héroïsme chrétien, remarque l'auteur du « Morbihan » (2).

Les vertus théologales se découvrent, en effet, partout en elle ; sa foi est à toute épreuve, son espérance, sa charité n'ont pas de bornes ; mais parmi

1. Prov. xi, 30.
2. Cayot-Délandre.

les vertus morales, la *mortification* est dominante sur les autres. C'est ce que nous allons découvrir en résumant, d'après M. Tresvaux du Fraval, quelques traits de son âge mûr.

« N'ayant, naturellement, aucune affection pour les enfants, elle vint à bout de sa répugnance sur ce point, en prenant chez elle Mademoiselle Anne du Parc (1), petite orpheline dont le caractère avait dû être aigri par le malheur ; elle l'habillait elle-même et lui rendait tous les services dont les enfants ont besoin. De plus, elle défendait à sa domestique de prendre soin de cette orpheline.

« Prudente dans ses discours, elle parlait peu, et lorsqu'elle disait quelque chose, c'était avec une discrétion qui prouvait combien elle s'était étudiée à ne pas pécher en paroles.

« Elle évitait les visites non nécessaires à ses œuvres, le bourdonnement confus des paroles oiseuses qui entrent à la fois par les deux oreilles dans un salon.

« Maîtresse de ses mouvements naturels, qui surprennent quelquefois et causent de l'émotion, elle savait supporter, sans se plaindre, les injustices et les injures.

« Son amour pour les pauvres lui faisait trouver une sorte de satisfaction à souffrir les mauvaises odeurs qu'elle sentait dans les hôpitaux et chez les indigents malades ou infirmes.

« Cette bonne Demoiselle, si compatissante pour les autres, se traitait elle-même avec une grande

____
1. Lieu cité, p. 103.

sévérité ; elle donnait ordinairement aux pauvres ce qu'on lui servait pour son déjeûner. Dînait-elle dans sa chambre, quand il y avait des étrangers au château, elle se privait des meilleurs mets et les donnait aux tailleurs des pauvres. En l'absence d'étrangers, son père entendait que sa vertueuse fille prît ses repas en famille, afin d'être utile à ses frères et sœurs par son caractère gai, sa conversation intelligente et surtout par son bon exemple.

« Elle n'avait pour lit que la paille ; malgré son soin à cacher cette mortification, sa mère l'apprit un jour qu'elle se trouvait assez malade pour ne pouvoir se lever comme à l'ordinaire.

« A son retour de Rennes, la femme de chambre lui demanda : « Pourquoi, Mademoiselle, portez-vous toujours des vêtements noirs et des coiffes carrées, comme les Visitandines de Rennes, et jamais ces beaux vêtements que vous changiez deux fois le jour ? » « Ah ! lui répondit Mademoiselle du Bois de la Roche, ces riches vêtements me coûtent bien cher aujourd'hui ». Voulant par là lui donner à entendre qu'elle expiait maintenant l'amour qu'elle avait eu autrefois, dans sa première jeunesse, pour le luxe dans la toilette.

C'est bien ici le cas de dire avec un auteur ascétique : « La mortification en détachant le cœur de la créature, le dispose à l'union à Dieu ; et, l'union à Dieu, en lui faisant comprendre que tout ce qui n'est pas Dieu n'est rien, lui rendait la mortification facile » (1).

1. Hamon. Méditations t. I, p. 113.

2° *Sa préparation à la mort.*

> « Mettez ordre à vos affaires, le temps terrestre est fini pour vous » (1)

C'était charmant, cet ensemble d'œuvres charitables que nous avons vu groupé autour d'une *femme forte* dont le but majeur était de travailler à l'apostolat chrétien. Mais la question du lendemain s'imposait. Elle disparue, que deviendraient ses œuvres ? Tout était prévu, assis sur des fondements durables. Pour maintenir chacun au devoir, il fallait un lien fort, avoir un successeur sérieux et des fondations suffisantes.

Ce lien indestructible, nous le trouvons dans les *exercices religieux* quotidiens bien faits, tels que nous les avons vu pratiquer dans ses ateliers et dans ses hôpitaux, puis dans les lois des métiers : la parole d'honneur bretonne venait resserrer ce doux lien.

Son successeur, Mademoiselle du Bois de la Roche le trouva dans sa famille. Ce fut sa belle-sœur, Madeleine-Elisabeth ; à celle-ci succéda sa bru, Marie de Chassonville, épouse de Philippe-Auguste

1. Reg. xx, 1.

de Volvire de Ruffec, morte à l'Abbaye du Mont-Cassin de Josselin, pleurée des habitants (1).

Les notaires eux-mêmes, rédacteurs de son testament dernier, nous apprennent que Mademoiselle du Bois de la Roche avait mis à jour ses affaires temporelles pour le moment où il plairait à Dieu de l'appeler à lui. Elle avait fait divers actes de dernière volonté qu'elle révoqua le 10 février 1694, pour les résumer en un seul. A cette date, ses jours lui semblaient toucher à leur fin. Elle souffrait d'un mal contracté auprès de ses bien aimés pauvres.

Deux ans avant, lors de son dernier voyage à Paris, elle avait remis à son oncle Alexis de Volvire, le R. P. Victor, carme du couvent de cette ville, le contract et constitution de deux cents livres (aujourd'hui 1200 fr.) de rente pour l'Hôpital Saint-Yves de Ploërmel. Là, ses papiers étaient en sûreté et tenus secrets. Tout était réglé, tout était fondé pour l'Hôpital du Bois de la Roche, comme l'affirme son frère, Joseph, lors de sa déclaratien à la réformation du Domaine royal, le 10 janvier 1682. Quant à celui de Guilliers, il avait les revenus de l'ancienne Madeleine de Saint-Louis. Les pauvres ont de son vivant, comme ils auront après sa mort, un asile assuré. De plus, (nous venons de le voir) elle avait associé sa belle-sœur, Madeleine-Elisabeth (2) à ses œuvres ; heureuse, celle-ci, d'en être la continuatrice : tout était prêt pour sa fin prochaine. Sa jeune

1. Note nº 9 aux pièces justificatives.

2. Cette Dame eut elle-même pour successeur dans les bonnes œuvres établies par Mademoiselle du Bois de la Roche, sa bru Madame Marie de Chassonville, épouse de Joseph II de Volvire.

protégée, Mademoiselle Anne du Parc, la compagne de ses courses et de ses fatignes, avail sa part dans ses libéralités : cinquante livres (aujourd'hui 1000 fr.) de rente à l'Hôpital de Saint-Brieuc (1), jusqu'à l'âge de dix-huit ans. Elle avait réglé également les frais de ses funérailles et les honoraires de messes, pour lesquels elle affectait trois cent livres. Elle voulait que son corps, après sa mort, fût inhumé au cimetière commun dans l'église de Néant (2), au bas d'icelle, joignant les Fonts baptismaux et non dans l'enfeu de sa famille, situé au chœur de cette église. Rien n'était oublié des choses du temps : ni ses œuvres qui devaient lui survivre, ni ses restes mortels qui reposeront à côté du lieu de son premier instant de vie spirituelle. Cet endroit lui valait mieux que le riant paysage, arrosé d'une onde limpide, rafraîchi par les zéphirs.

3° *Sa maladie*.

Elle a passé en faisant le bien.

Jetons un rapide coup d'œil rétrospectif sur les

1. Hôpital de Saint-Brieuc, dirigé par les Dames de Saint-Thomas de Villeneuve, qui, après la tourmente Révolutionnaire, en 1802, reprirent le service de l'Hôpital.

2. Il était encore d'usage dans le comté du Bois de la Roche d'inhumer les défunts dans les églises. (Voir les actes de décès).

œuvres de Mademoiselle du Bois de la Roche. Depuis son retour de Rennes (1672 à 1634), voilà vingt années de courses incessantes, tantôt à pied, tantôt à âne, à travers monts et vallées, aux châteaux et aux chaumières, aux nobles et aux artisans, aux riches et aux pauvres, aux savants et aux ignorants, aux infirmes et aux malades ; vingt années de poussière, de sueurs, de fatigues, supportées avec le sourire sur les lèvres et la sérénité sur le front ! De plus, une vie de quarante années où tous ceux qui ont eu le bonheur de l'approcher et de converser avec elle, n'ont su qu'admirer le plus en sa personne, ou la grandeur de sa foi, ou la fermeté de son espérance, ou la force de sa charité. Que d'âmes affligées, languissantes, éloignées même de Dieu, elle a consolées, fortifiées, ramenées à la pratique de la religion ! Que de familles dans la détresse elle a soulagées ! Que d'églises, de chapelles elle a entretenues ou fait entretenir ! Que de ministres du bon Dieu elle a soutenus et dont elle a encouragé le zèle par ses exemples encore plus que par ses paroles ! Alors, comparant l'humain au divin, n'aurions-nous pas le droit de dire aussi d'elle : « Elle a passé en faisant le bien, parce que Dieu était avec elle ! »

Mademoiselle du Bois de la Roche, depuis quelque temps, c'est-à-dire depuis la mort de son bien aimé père, qu'elle avait soigné le jour et la nuit, s'aperçut que sa santé si robuste d'ordinaire devenait de plus en plus chancelante, allait s'affaiblissant peu à peu. Elle ne put à ce moment que rayonner aux alentours du château pour voir les malades et les infirmes, faire le catéchisme à la Confrairie de Saint-Roch, pensant ainsi rétablir sa santé ébranlée, en évitant les courses au loin.

A la fin de l'automne 1693, elle fit encore, après sa visite aux malades de l'Hôpital Saint-Roch du Bois de la Roche, le catéchisme selon son habitude et donna ainsi à chacun une dernière preuve de son affection. Plus elle sentait la vie lui échapper, plus elle éprouvait le besoin d'épancher son cœur au milieu de ses protégés. En terminant cette dernière leçon, elle remercia ses auditeurs des ferventes prières que chacun faisait pour son retour à la santé. Puis, tout à coup, comme saisie par un esprit prophétique, elle annonça d'une voix ferme que, à cause d'un mal intérieur, dont elle ressentait les atteintes, et qui résistait à tous les efforts de la science, elle ne pouvait douter que ce catéchisme ne fut son dernier entretien ; que, du reste, elle priait le bon Dieu d'agréer sa mort en holocauste pour chacun d'eux : qu'elle lui serait toujours douce parce qu'elle la réunirait (elle en avait la ferme confiance), au divin Sauveur dont les paroles la faisaient tressaillir sur cette misérable terre; mais que, si le bon Dieu daignait l'accepter pour leur bien spirituel et même temporel, elle lui serait non seulement douce, mais délicieuse.

La bonne Demoiselle ne devait plus reparaître, dans cet hospice qu'elle aimait tant à visiter chaque jour ; elle le sentait, et c'est là ce qui donnait à sa voix cet accent inimitable qui allait au cœur, et qu'on ne peut pas plus reproduire que le parfum des fleurs, quand on en parle.

Elle tâchait de faire le bien jusqu'à la fin non seulement devant Dieu, mais aussi devant les hommes (1), parce qu'elle était une femme de Dieu (2), vivant de Dieu et en Dieu ; voyant Dieu en tout et toutes choses en Dieu, union intime avec Dieu obtenue par l'esprit de prière et l'élévation fréquente de son âme vers Dieu.

Malgré toutes les précautions prises pour le détruire, le mal faisait des progrès. Bientôt le saule pleureur se changea en cyprès. Apercevant sa mère qui ne la quittait pas, en pleurs, auprès de son lit de douleurs, elle lui dit : « Ma mère, nous nous reverrons ; le chrétien fidèle à Dieu ne meurt pas, il change seulement de demeure. Le ciel est la patrie véritable » (3).

« Sa maladie augmentant, malgré les soins médicaux, dans les derniers mois de l'année 1693, elle était sans illusions : ce n'était pas la mort qui arrivait, mais la délivrance. Si elle avait aimé le bon Dieu quelque peu et le prochain pour l'amour de Dieu, bientôt elle aimerait sa souveraine Majesté sans aucune réserve.

« Madame de Volvire sa mère et le Comte son frère ne voyaient pas cet état maladif avec autant de placidité. Ils éprouvèrent des inquiétudes et des craintes relativement à son retour à la santé » (4). Ils résolurent de la faire consentir à un rapproche-

1. II Cor. 8.

2. II Tim. 3.

3. Op. de 36 p.

4. In-12, p. 48.

ment de la faculté médicale, c'est-à-dire à quitter le château du Bois de la Roche pour aller à son Hôpital de Ploërmel. Là, Madame sa mère resterait constamment à ses côtés ; continuerait avec les Dames hospitalières de Saint-Thomas de Villeneuve à lui donner des soins conformes, chaque jour, aux prescriptions du médecin. Entièrement soumise, elle adhéra à la volonté maternelle.

Ce changement d'air, les soins les plus minutieux, les secours religieux multipliés comme on sait les donner dans un hôpital modèle tel qu'était celui de Ploërmel, hélas ! tout fut inutile à la fin que l'on se proposait : l'illustre malade allait de mal en pis. « Messire Jean Eon, prêtre de Néant, dut lui administrer les derniers Sacrements. La vénérable malade les reçut avec les dispositions les plus saintes et les plus édifiantes » (1).

« Dieu mit le comble à toutes les grâces qu'il lui avait faites en se donnant à elle en Viatique, grâce qu'elle désirait ardemment pour le voyage de l'éternité. Ici, qui pourrait trouver des paroles assez expressives pour faire comprendre les ardeurs de son âme dans cette sainte action ? Elle reçut son Sauveur comme si elle l'eût possédé autrement que par la foi » (2).

L'illustre malade était de plus en plus résignée à la volonté de Dieu, à celle de sa famille ainsi qu'à celle de la faculté médicale, quand on songea à la voir terminer ses jours au château du Bois de la

1. Idem.
2. Opuscule, p. 18.

Roche. Et, malgré la rigueur de la saison, le mois de février, on lui fit faire ce voyage, voyage qu'elle supporta sans trop de fatigue.

« Elle ne s'en plaignait pas, mais regrettait au contraire de n'avoir pas assez souffert pour Jésus-Christ, de ne pas souffrir assez pour mériter le ciel. Ses expiations n'étaient rien à ses yeux, en comparaison des faiblesses de sa jeunesse. Sa confiance était toute dans les mérites de Jésus-Christ : le Sang divin, qu'il versa durant sa Passion purifierait et sanctifierait son âme » (1).

Cette âme, si prodigue d'elle-même, se transfigurait sous l'action de la maladie. Sa patience, son aménité, son obéissance brillaient d'un plus vif éclat à mesure qu'elle approchait du terme. Elle était douce dans la mort, comme elle l'avait été envers tous pendant sa vie. Dans un corps brisé, son âme surabondait d'allégresse.

Une seule chose l'attristait, c'était l'assiduité des siens, surtout de sa mère autour de son lit. Elle craignait toujours pour eux un excès de fatigue nuisible à leur santé.

Au dehors du château, les préoccupations étaient générales au sujet de la malade. Il aurait fallu y annoncer un retour à la santé, quand, hélas ! le terme de l'existence approchait sans laisser l'espoir d'un mieux quelconque. Personne n'oubliait ses bienfaits, principalement ceux qui se recommandaient, avec tant de confiance, à ses prières, qui en éprouvaient à l'instant un soulagement sensible, et

1. Id. p. 51.

avaient jusque-là gardé ce secret d'ont son humilité avait fait une loi sévère de son vivant, sous peine d'encourir sa disgrâce. En un mot, chaque famille, par celle maladie, se croyait frappée dans un de ses membres le plus affectionné, le plus nécessaire.

§ II. Sa mort

> Bienheureux ceux qui meurent
> dans le Seigneur.

« Tous les desseins de Dieu sur son âme étant accomplis, Mademoiselle du Bois de la Roche semblait désormais mûre pour le ciel ; aussi Dieu voulut-il se hâter de récompenser sa fidèle servante en l'appelant à une meilleure vie, » (Tresvaux). Elle devint plus malade, elle, la « mère » des malades et des infirmités humaines, et ce fut si grièvement qu'on crut devoir lui appliquer l'indulgence dite *in articulo mortis* ou de la Bonne Mort.

Contemplons cette martyre de la charité dont l'ambition était de passer inconnue dans la vie, comme le ruisseau timide qui ne montre son cours dans la prairie, que par la verdure qu'il entretient sur ses rives. Oui, contemplons, étendue sur sa modeste couche à ce moment suprême, celle qui du matin au soir et du soir au matin, a fait toutes ses actions pour l'amour de Dieu, en union avec celles de Jésus-Christ pendant qu'il était sur la terre ! Sa correspondance à la grâce et ses bonnes œuvres lui donne une entière confiance dans les mérites de Jésus-Christ. Sa foi se ranime ; elle entrevoit son meilleur Ami qui va la juger dans toute sa miséricorde possible unie à sa justice divine ; puis, les portes du ciel qui s'ouvrent pour recevoir son âme ; elle est prête à abandonner son corps à la terre. Voilà pour elle le séjour bienheureux qu'il lui fallait mériter, c'est la fin précieuse qui lui a tant coûté de peines du corps et de l'esprit pendant sa vie. Elle semble entendre ces douces paroles : « Tu es une fidèle servante ; entre dans la joie de ton Dieu». — « Vous m'aviez donné cinq talents, ô mon Dieu, en voici cinq autres gagnés à votre service ! » (1) Combien souvent, durant sa vie, avait-elle dit comme saint Paul : « Je désire être séparée de mon corps pour vivre avec Jésus-Christ ?... »

Le mal put bien accabler son corps, mais il n'éteignit en elle ni son redoublement d'amour de Dieu, ni sa tendre affection pour ses proches et pour les pauvres jusqu'à son dernier soupir. Elle demeura calme et immobile, les yeux fixés sur son crucifix, son cher crucifix... Elle ne tourna jamais ses pensées du côté de la vie, si ce n'est pour penser aux siens et aux pauvres ; pas une parole de regret sur sa destinée, pas une question au médecin pour savoir s'il était possible de prolonger sa vie, pas d'empressement pour les remèdes : c'est la paix et la sérénité au milieu de la certitude de la mort. « Ma mère, nous nous reverrons !... », lui répétait-elle.

1. Matth. xxv, 20, 21.

« Priez pour moi, continuait-elle, pour que le bon Dieu me donne une sainte mort » (1).

C'est le 20 février 1694, vers l'heure de midi, qu'elle rendit son âme à Dieu, environnée de sa mère et de tous les membres de sa famille. Elle était âgée de 40 ans et 122 jours. Ainsi s'éteignit cette pieuse et charitable Demoiselle, semblable au parfum de la fleur qui se penche, semblable à la dernière vibration de la lyre harmonieuse, « laissant après elle une réputation de sainteté qui s'est conservée jusqu'à nos jours » (Tresvaux).

Au dehors du château, les préoccupations étaient universelles depuis qu'on ne voyait plus Mademoiselle du Bois de la Roche paraître chaque jour. Tout le monde voulait avoir de ses nouvelles depuis l'enfant jusqu'au vieillard, lorsque la cloche de la chapelle Sainte-Anne du château et celle de l'église Saint-Roch de l'Hôpital firent entendre son trépas.

Son précieux corps, exposé dans la chapelle Sainte-Anne transformée en chapelle ardente et tendue en couleur des vierges semée de larmes, y demeura exposé jusqu'au lendemain. Ses traits ne conservèrent aucune trace des dernières souffrances de l'agonie, la sérénité des cieux qu'elle avait sans doute entrevue au moment du départ de son âme, était restée empreinte sur son visage ; on aurait cru qu'elle dormait tant était doux et paisible ce dernier repos de la martyre de la charité.

1. Opuscule de 36 p.

§ III. Après sa Mort

1° *Ses funérailles*

La nouvelle de la mort de Mademoiselle du Bois de la Roche se répandit promptement et fit dans l'esprit de tout le monde, des impressions d'admiration et de piété qui suivent la mort des « justes » dont la mémoire est en bénédiction.

« On entendit dans le comté les plaintes et les sanglots des pauvres, sans qu'on put les consoler parce qu'ils venaient de perdre leur « mère ». Ils se rendirent au château, où elle était morte, pour lui rendre les « derniers devoirs » en union avec le clergé, les confréries, les corporations et les gens de toutes les conditions venus de tous les côtés pour assister aux funérailles en la chapelle Sainte-Anne du château ainsi qu'à l'église paroissiale, et pour présenter leurs condoléances à la famille, pendant qu'on préparait le tombeau dans l'église de Néant, « au haut des fonts baptismaux du côté vers minuit où est la sainte piscine » (1), comme elle l'avait demandé.

1. Son testament,

« Cette si bonne Demoiselle n'est pas morte », disait la foule amassée dans la cour d'honneur devant la chapelle Sainte-Anne, « elle n'est qu'endormie » (1) ; « ceux qui dorment périssent - ils jamais ? (2) ». On prépare le lieu de sa dormition, *dormitoria* (S. Chrysostome) ; elle se repose dans la beauté de la paix, dans les tabernacles de confiance et dans le repos plein de fécondité (3) ; elle se repose de ses travaux, car ses œuvres l'ont suivie (4) ; elle se hâte d'entrer dans le repos éternel » (5).

« Les pauvres qu'elle avait soulagés pendant toute sa vie tinrent à porter son corps jusqu'à sa dernière demeure, accompagnés du pays entier » (6). Les soldats du comté, en uniforme, formaient la double haie de ce long cortège en marche pour Néant et contenaient les flots du peuple qui affluait de toutes parts. Cette foule était pénétrée d'une religieuse tristesse. C'était un silence de douleur et de pieuse vénération. Les têtes s'inclinaient au passage du corps vénérable, les genoux fléchissaient, les larmes se voyaient dans les yeux.

Ce convoi, du château à l'église, où on remarquait les différents Tiers-Ordres religieux, les confréries et les corporations, avec leurs insignes différents,

1. Math. ix, 24.

2. I. Cor. v, 48.

3. Isa. xxii, 18.

4. Ap. xiv, 13.

5. Héb. iv, 11.

6. Op., 18 p.

étaient plutôt une procession qu'un enterrement, car les gens à la foi vive, — ils ne manquaient pas, — prirent la liberté, comme aux premiers siècles de l'Eglise, d'invoquer la « Sainte » (Mademoiselle du Bois de la Roche), le jour de sa mort bienheureuse. « Vous êtes morte, ajoutaient-ils ; mais vous vivrez toujours dans la mémoire de notre cœur et dans ceux de nos descendants, et votre nom sera inscrit, — c'est notre désir, — dans les annales de l'Eglise, en attendant qu'il le soit dans son martyrologe à côté des plus illustres vierges, ô véritable *mère dès pauvres* ! » (1).

A l'approche du bourg de Néant, environ un quart de lieue avant l'arrivée, « on posa à terre le corps vénérable de la défunte, pendant un instant ; il se forma dans cet endroit une petite fontaine qui n'a jamais tari et qu'on nomme encore aujourd'hui : « La Fontaine de la Sainte de Néant. »

La tradition rapporte, à cette occasion, l'exclamation publique : « Dieu manifeste la sainteté, la gloire céleste de sa servante !... »

L'office divin terminé à l'église paroissiale sans tenture, selon sa volonté dernière, on descendit le précieux corps dans son tombeau en présence de la famille et de l'assistance pleine de douces émotions. Ce ne sont plus des larmes, mais des invocations qui se font entendre et qui ne sont que le prélude de celles que les générations futures viendront appor-

1. La tradition.

Tombeau de Anne-Toussainte de Volvire

ter à son tombeau, et qui forceront pour ainsi dire à ajouter ces mots à son acte de baptême : « Morte en odeur de sainteté » (1). Là, le cyprès n'ombragera pas sa tête, mais bien le pavillon des rois et la voûte de l'édifice chrétien.

2° *Son tombeau, sa fontaine.*

> « Et j'entendis une voix du ciel qui disait : Ecris, bienheureux ceux qui meurent dans le Seigneur » (2).

Situé dans l'Eglise de Néant, comme nous venons de le dire, le tombeau de Mademoiselle du Bois de la Roche « a été, après l'inhumation de son corps, entouré d'une grille de fer haute de trois pieds et demi ; au dedans de cette grille, sur sa tombe, on a élevé un dais de pierre d'environ quatre pieds de hauteur ; celui-ci était ordinairement couvert d'étoffe précieuse de couleur blanche. C'est ainsi que l'on commença à l'honorer après sa mort. Cet honneur est, sans doute, approuvé des Evêques de Saint-Malo : cette grille, ce dais élevé sur son tombeau,

1. Reg. paroissial.
2. Apoc. xiv, 13.

de tout temps, en sont la preuve » (1), écrit son biographe du xviiie siècle. « Il devint rapidement un lieu de pélerinage (2). Il aurait pu ajouter : « Dieu comblera de gloire quiconque l'aura glorifié ici-bas » (3).

« On a vu, affirme son premier biographe, on a vu à son Tombeau deux cents personnes ensemble, qui, après l'avoir priée, allaient à sa Fontaine pour prier à nouveau ; ce concours durait souvent pendant huit jours consécutifs ».

Pendant la Révolution de 1793, dit P. P. Guillotin, vicaire de Concoret et confesseur de la foi, son Tombeau est toujours dans l'église de Néant honoré par l'affluence des pieux fidèles » (4). « C'est même à son Tombeau que les habitants de Néant, Concoret et Tréhorenteuc réunis au chef-lieu de canton, s'assemblèrent à l'occasion d'une Nouvelle Constitution de la France par Robespierre, et prirent un arrêté pour demander le maintien de la Religion catholique et la liberté de son culte » (5).

« Une personne digne de foi, née vers 1736 et décédée à l'âge de 94 ans, avait vu et connu les contemporains de Mademoiselle du Bois de la Ro-

1. Op. de 36 p.
2. Opuscule, p. 20.
3. 1 Reg. 11, 30.
4. P.-P. Guillotin. Registre paroissial de Concoret.
5. Idem.

che ; elle racontait avec un bonheur ineffable sa
vie édifiante et charitable, le concours constant des
pèlerins à son Tombeau. Son récit était une magnifique légende dont elle faisait part à ses petits-enfants » (1).

« Son tombeau que la Révolution (1793) n'osa vio-
ler, est toujours vénéré par les descendants de ceux
qu'elle a édifiés et instruits pendant sa vie, et on
l'y connaît toujours sous le nom de la « Sainte » de
Néant (2).

Un archéologue, parlant du tombeau et de la fontaine, dit : « C'est un lieu de pèlerinage où l'on se
rend de toutes les paroisses voisines » (3). Un président de sociétés sávantes s'exprime ainsi : « Le
doux souvenir de la « Sainte » de Néant plane toujours (1873) dans ces lieux où elle a passé en faisant
le bien » (4). « Sa douce mémoire est toujours chère
aux habitants de ces contrées ; son image est religieusement conservée » (5). A quoi un contem-
porain ajoute : « Le tombeau de Mademoiselle du
Bois de la Roche est toujours en vénération, sa
fontaine n'a jamais tari » (6). Le nom « de Volvire »
est encore en profonde vénération dans le pays de

1. J. Piéederrière, curé de la Trinité-Porhoët.

2. Comte de Palys. Les Dames Budes, in-8° p. 147.

3. Dʳ A. Fouquet. Guide, p. 179.

4. Ogée. Dictionnaire, t. ıı, p. 341.

5. Cayot-Delandre. Morbihan, p. 530.

6. X. de Bellevue. Sénéchaussée de Ploërmel, art. Néant, p. 7.

Néant, grâce à une jeune fille appelée la « Sainte » de Néant, Mademoiselle Anne-Toussainte de Volvire, demoiselle du Bois de la Roche. Son tombeau est dans l'église paroissiale ; on y lit la date de sa mort bienheureuse » (1). « La vénération qu'elle inspirait à tous ceux qui la connurent se transmet de génération en génération au lieu où elle a vécu » (2).

En 1840, au rapport de la tradition, la peur d'un vol sacrilège fit qu'il fut procédé secrètement à l'exhumation du corps de Mademoiselle du Bois de la Roche. Dans le caveau de son tombeau, ouvert après 154 ans de sépulture, se trouvèrent des ossements, un linge et de la poussière de son corps (3). Recueillis par les prêtres de la paroisse de Néant, ces précieux restes furent déposés dans une cassette et confiés au coffre-fort de la sacristie de l'église. En ce temps-là, le tombeau de la servante de Dieu toujours entouré d'une grille, demeura surmonté d'un pavillon carré, formant un dais orné d'étoffe précieuse.

Vingt-six ans plus tard, vers 1866, Mgr Bécel,

1. Bretagne contemporaine, p. 105.

2. Cayot-Delandre. Morbihan, p. 332, 1847.

3. Les anciens de Néant et ceux du Bois de la Roche nous apprennent, en effet, qu'à cette époque les puissantes maisons du Fresne et du Bois de la Roche étaient divisées d'opinion à propos de la création d'une nouvelle paroisse au Bois de la Roche ; que chacune prétendait avoir des droits sur le corps de la servante de Dieu. Pour l'amour de la paix, M. Chantrel, recteur de Néant, commanda après autorisation de qui de droit, l'exhumation des restes précieux de Mademoiselle du Bois de la Roche.

évêque de Vannes, authentiqua ces restes vénérés.
La cassette les renfermant, munie du sceau épiscopal,
fut déposée, sans cérémonie aucune, dans le caveau
primitif d'où ils avaient été retirés en 1840.

La générosité des fidèles a permis, en 1881,
d'ériger un *Tombeau de marbre blanc* avec une grille
superbe sur les précieux reste du corps de la servante de Dieu. Le 24 octobre de la même année,
Mgr Bécel, évêque de Vannes, présent à la mission
du Jubilé, a bénit solennellement ce tombeau, cérémonie touchante où se pressait un grand nombre de
fidèles réunis pour les exercices de la mission.

Fontaine de Anne-Toussainte de Volvire

Pendant la réparation du chemin de Néant au Bois de la Roche, en 1872, la fontaine de la « Sainte », source dite miraculeuse, fut embellie. La maçonnerie de moëllon fit place à de superbes pierres de granit que surmonte une croix de même. Cette fontaine aux eaux salutaires demeure située, comme avant sa restauration, au milieu du grand chemin. A son approche, les passants se découvrent ou se signent.

C'est le 15 août, jour anniversaire de l'antique pardon de Notre-Dame de Kernéant (p. 80) que les pieux pèleriens affluent à Néant, au tombeau et à la fontaine de la « Sainte ». Ils y arrivent de cinq lieues et plus à la ronde pour accomplir des vœux, demander des grâces par son intercession. « Allons, disent-ils, à sainte Anne-Toussainte de Néant ! » Qui à pied, qui en voiture, un plus grand nombre par chemin de fer arrivent au chef-lieu paroissial, comme autrefois, des trois diocèses de Rennes, Saint-Brieuc, Vannes. A la suite des offices de l'église, ces pieux pèlerins font leur *voyage* : stations au tombeau de la « Sainte », à sa fontaine, au trésor de la sacristie où sont réunis des *ex-voto* de toutes sortes : béquilles, petites croix, écriteaux, bâtons ; pieds, jambes, bras ou mains de cire, petits bonnets et autres objets offerts, selon les faveurs obtenues.

Château de Menoray

3° *Sa mère*

> « Prends cet enfant, nourris-le
> pour moi et je te donnerai
> ton salaire » (1).

Née proche de Notre-Dame de la Fosse (2), en 1626, Anne Huteau de Cadillac, fille de Jean et de Marguerite de Coniac, seigneur et dame de Menoray, en Locmalo, quitta à seize ans le château paternel et la chapelle de Saint-Joseph qu'elle avait vu bâtir et bénir, non plus pour aller visiter une parente, comme sa tante de Priziac, Marie-Ursule Le Rouge, ou une amie ; mais pour suivre, nouvelle Rachel, son jeune époux, Charles de Volvire de Ruffec du Bois de la Roche, en Néant, après leur mariage célébré, le 22 septembre 1653, dans la chapelle du château de Menoray. Pour elle aussi la voix de Dieu s'était faite entendre : « La femme quittera son père et sa mère pour s'attacher à son époux » (3).

La route royale de Pontivy à Ploërmel la conduisit au Bois de la Roche où l'attendaient sa belle-mère

1. Exo. ii, 9.

2. N.-D. de la Fosse, célèbre madone, honorée dans l'église paroissiale de Guémené-sur-Scorff, évêché de Vannes.

3. I Cor. vii, 10.

et sa belle-sœur, Hélène de Talhouët et Hélène de Volvire. Son père et son oncle, Hyacinthe de Volvire, durent l'accompagner jusqu'à sa nouvelle demeure, à quinze lieues environ de Menoray. Elle quitta les rives du Scorff pour celles de l'Yvel, les landes bretonnes pour la forêt de Bréciliande, un manoir pour un château-fort, un fief de Rohan-Guémené pour un fief ducal. Les honneurs étaient sur sa route, et elle sut y répondre en devenant la femme forte de l'Ecriture, l'âme du comté du Bois de la Roche.

De son union avec Charles de Volvire naquirent quatorze enfants, dont l'aînée, Anne-Toussainte, dite Mademoiselle du Bois de la Roche, devint en grande partie son œuvre, la « Sainte » de Néant. Elle répondait ainsi aux traditions de sa famille d'ancienneté du Languedoc, venue au xvi siècle se fixer en Bretagne.

« En 1542, en effet, Bertrand de Cadillac, époux de Anne du Gou, possédait Menoray et dépendances ; son fils Louis, époux de Anne ou Marie de Quélen, lui succéda ; celle-ci, veuve et tutrice, en 1567, rend aveu pour ses enfants, Julien, Pierre et Louise. En 1575, leur oncle Louis de Cadillac continue la tutelle. Julien, l'aîné, premier époux de Renée Fleuriot, étant mort, celle-ci épousa en secondes noces Guillaume de Gluny ; ces derniers, le 10 décembre 1613, rendent aveu comme tuteurs des enfants de Julien de Cadillac. Vers le milieu du xvi siècle, Menoray est possédé par Jean de Cadillac, fils de Julien et époux de Marguerite de Coniac, dont la fille, unique et héritière, Anne, épousa, en 1652, Charles de Volvire de Ruffec, comte du Bois de la Roche. Celui-ci vendit Menoray, 1679-80, à René de Lopriac et à André Huchet de la Bédoyère. Cette propriété, en 1696, passa aux Le Gall de Confiou qui la conservèrent jusqu'en 1767, au moins » (1).

Anne de Cadillac revit rarement sa famille ; cependant, le 20 novembre 1658, son père est le parrain de son second fils, Jean-Philippe, dont la douairière du Bois de la Roche, Hélène de Talhouët, fut la marraine. Elle-même est marraine à Tréhorenteuc, le 17 mai 1676. Nous ne la suivrons pas conduisant quatre de ses filles aux couvents des Dames Ursulines de Ploërmel et de Muzillac, une à celui des Dames Bénédictines de Saint-Georges de Rennes, ni au mariage de Agathe-Blanche, sa 7e fille, en 1691 ; nous aimons mieux là voir présider à l'éducation chrétienne de ses enfants comme une autre Blanche de Castille, ou être le témoin de la vie de la « Sainte » de Néant, ou bien encore du triomphe de cette « Sainte ». « Son cœur de mère en fut ému et aux approches de ses derniers moments, elle demanda à être inhumée près de son Tombeau et non dans l'enfeu du Bois de la Roche au chœur de l'église de Néant. Ceux qui viendraient invoquer sa fille auraient une prière pour elle. Elle lui donnait ainsi une dernière protestation de son amour et de

1. Notes inédites sur Menoray, dues à l'obligeance de M. de Kérizouet, propriétaire de Menoray, et Sénéchaussée de Hennebont, registre 2742.

sa vénération » (1), telles furent ses dernières volontés.

« Le 28 juillet 1713, Anne de Cadillac, veuve de Messire Charles de Volvire de Ruffec, âgée de soixante-dix-sept ans, décédée la veille au château du Bois de la Roche, fut inhumée dans la place au-dessus du Tombeau de Anne-Toussainte de Volvire de Ruffec, sa fille (2). »

Une des joies les plus vives de cette excellente mère avait été d'apprendre à ses enfants l'art si délicate de donner l'aumône à propos et discrètement. C'était, d'ailleurs, une habitude héréditaire au château du Bois de la Roche. Tout petits, elle les accoutumait à porter eux-mêmes l'offrande aux pauvres qui se présentaient. Dès qu'il en paraissait un, c'était à qui annoncerait le premier cette nouvelle à leur mère, qui leur donnait ou faisait donner de la menue monnaie, en leur recommandant de lui faire dire sa prière avant de lui présenter l'aumône. Mes enfants, leur disait-elle, les pauvres sont nos plus puissants protecteurs ; tâchez de les avoir pour amis et engagez-les par vos largesses et vos libéralités à intercéder pour nous auprès de Dieu, car Dieu ne rejette point leurs prières.

En réalité, c'était elle-même, ses soins, son temps, sa vie que cette héroïne amie des pauvres voulait leur donner. Nous l'avons vu, elle fut délicieuse-

1. J. Piéederrière. — in-12, p. 56.

2. Registre paroissial, 1713.

ment secondée par sa fille aînée, Mademoiselle du Bois de la Roche.

Autre Pritelle, fille de Ausoch et épouse de Hoël III, que Dieu avait préparée pour être la mère de la vierge de Tréhorenteuc, sainte Onenne, Anne de Cadillac semble de même avoir reçu l'apprêt divin pour être la mère du « Lys de Néant » ou le modèle des mères chrétiennes.

4° *Son culte*

« On ne rend aucun culte public à Mademoiselle du Bois de la Roche ; mais on ne la désigne néanmoins dans cette partie de la Bretagne, Néant et ses environs, que sous les noms de « Anne Toussainte » (1) la « Sainte » de Néant ou Mademoiselle du Bois de la Roche. Les Bollandistes et autres auteurs prouvent que, toujours et partout, ce fut la foi des peuples et leur vénération privée pour les personnes mortes en *odeur de sainteté* qui attirèrent un grand nombre de pèlerins à leur tombeau. Pendant le temps dit de « l'épreuve » l'Eglise regarde et demeure attentive, bien persuadée que, si le doigt de Dieu n'est pas là, tout finira bientôt. Or, voilà *deux cents ans passés* que Mademoiselle du Bois de la Roche subit cette « épreuve » d'un culte particulier

1. *In*-12 cité, p. 36.

et privé, et l'Eglise ne s'est pas prononcée, attendu que, à notre connaissance, on n'a rien soumis à son jugement infaillible.

Et cependant, ô admirable vierge de Néant, depuis longtemps vous avez quitté cette terre pour monter au ciel où vous attendaient la couronne de vie et des milliers de vierges ; comme celles-ci, vous rayonnez de l'éblouissante lumière de Dieu même ; comme elles, vous vous enivrez du torrent des délices (1) ; de là, vous avez toujours vos regards attachés sur les descendants de ceux que vous avez laissés ici bas : vous prenez part comme autrefois aux joies et aux peines ; vous intercédez pour eux et leur obtenez, quand ils vous invoquent, la surabondance des bénédictions célestes ; en retour, votre mémoire ne périra pas dans les cœurs.

Aussi, l'affluence constante de pieux pélerins à son Tombeau nous dit hautement que leurs supplications n'ont pas été vaines, qu'ils ont éprouvé que Mademoiselle du Bois de la Roche est puissante auprès de Dieu. La conscience, le cœur et la parole des générations passées et présentes ne peuvent laisser de doute à ce sujet pour le chrétien à l'esprit droit, honorable et probe.

Pour nous, il est beau et édifiant de voir le recueillement de ses confiants protégés qui, dans leur foi vive, égrènent leur chapelet en suppliant le ciel de les exaucer par son intercession. Ils ont raison, car Dieu ne peut aimer ce qui trouble. Aussi rapporte-t-on de ces pieux pélerins des guérisons et

1. Ps. xxxvi, 9.

des secours importants : ce sont des enfants, ce sont des malades qui y viennent demander des grâces particulières tant spirituelles que temporelles ; ce sont des mourants qui demandent une sainte mort.

Que ce modèle de la charité héroïque envers Dieu et le prochain apprenne au monde entier que la France, la Bretagne ont de tout temps fourni des héroïnes, même au sein des plus grandes familles. Elle meurt au service de Dieu et de l'humanité souffrante. Sa mort consacre une mémoire immortelle et sert de ralliement fraternel. Il fallait qu'à son Tombeau se rencontrassent et les grands et les petits dans une union parfaite.

A l'appui de notre affirmation qu'un grand nombre de personnes avait obtenu des grâces particulière en venant prier à son Tombeau ou en priant chez elles la « Sainte » de Néant, nous allons citer quelques-unes de ces faveurs prises çà et là parmi les soixante-dix-huit dont le récit circonstancié est rapporté dans l'édition première de sa biographie au 18ᵉ siècle ou au Registre paroissial de Néant.

XVIIIᵉ SIÈCLE

I

« Mademoiselle Anne-Françoise de Kerpedron,

de la ville de Josselin, eut au genou un dépôt qui descendit dans la jambe. Un habile chirurgien, nommé Cabanac, lui fit à cette jambe une opération ; il lui ôta le sac qui contenait l'abcès ; mais il ne put lui rendre l'usage de sa jambe : elle ne marcha qu'à l'aide de deux béquilles pendant dix-sept ans. Elle vint faire une neuvaine au Tombeau de Mademoiselle du Bois de la Roche ; lorsqu'elle prit, le neuvième jour, ses béquilles pour s'en retourner, elle sentit qu'elle n'en avait plus besoin pour marcher, et s'en alla sans bâton chez son parent, où elle demeurait depuis quelque temps. Elle laissa ses béquilles au Tombeau de Mademoiselle du Bois de la Roche, pour témoignage de sa parfaite guérison. Le lendemain, on chanta le *Te Deum* et une grand' messe, pour remercier Dieu de ce bienfait. Mademoiselle de Kerpedron laissa en outre au Tombeau, par reconnaissance, deux bagues d'or et deux boucles d'argent ».

Extrait de « Vie de Anne de Volvire », imprimée chez
veuve Bizette, à Vannes.

II

Madame la Supérieure (l'Abbesse) des Religieuses du Mont-Cassin, à Josselin, a assuré avoir été guérie de la fièvre quarte au Tombeau de Mademoiselle du Bois de la Roche ».

Extrait de « Vie de Anne de Volvire », éditée chez
veuve Bizette, à Vannes.

III

« Joseph Jarnigon, âgé de deux ans, était à l'agonie depuis un jour. Dans son agonie, il avait perdu l'usage de la parole. Or, la parole lui fut rendue dans le même temps qu'une de ses tantes priait Mademoiselle du Bois de la Roche de lui rendre la santé. Ses parents furent surpris d'entendre leur enfant parler au moment qu'il devait expirer. Leur surprise cessa lorsque la tante de l'enfant désigna le moment où elle avait prié Mademoiselle du Bois de la Roche pour lui. Ils sont très persuadés qu'elle a rendu la vie à leur enfant ».

Extrait de « Vie de Anne de Volvire », éditée chez
veuve Bizette, à Vannes.

XIXe SIÈCLE

IV

En 1832, une petite fille de Josselin, âgée de neuf à dix ans, n'ayant jamais marché qu'à l'aide de béquilles, fut amenée un dimanche au Tombeau de la « Sainte », et fut parfaitement guérie sur les lieux mêmes, de sorte qu'elle laissa ses béquilles, qui se trouvent encore à la sacristie (1873). Ce miracle a été vu par plus de quatre cents personnes qui se trouvaient à la grand'messe ».

Extrait de « Vie de Anne de Volvire », réimprimée chez
Bazouge fils et Cie, à Rennes.

V

En 1832, Mademoiselle Angélique Dubois était fort malade et dans un état si inquiétant pour les personnes qui étaient près d'elle, qu'elles la crurent au moment d'expirer, quand une de ses tantes l'engagea à se recommander aux prières de Mademoiselle Anne-Toussainte de Volvire. Aussitôt la malade, qui avait eu antérieurement beaucoup de confiance en cette bonne Demoiselle, réunit le peu de forces qui lui restait pour se recommander à elle ; un instant après, elle dit que Mademoiselle de Volvire lui avait annoncé qu'elle aurait trois crises, mais qu'elle n'en mourrait pas. Elle eut effectivement les trois crises qu'elle avait annoncées, et le médecin qui arriva à la fin de la dernière, la trouva dans un état si désespéré, qu'il dit que dans vingt quatre heures elle serait en terre. Cependant, depuis cet instant, elle fut toujours de mieux en mieux, et le médecin qui revint le lendemain pour la voir, quoique tremblant, comme il l'a dit depuis, fut si étonné du changement qu'il trouva en elle, qu'il dit alors qu'il répondait de sa vie. La malade s'est effectivement parfaitement rétablie.

(Signé) Angélique Dubois.

« Je certifie que, après avoir demandé au médecin appelé près de la malade (susdite), ce qu'il pensait de son état, il me répondit : Elle est morte. Je lui représentai que sa grande jeunesse fournissait bien des ressources ; il me répéta ce qu'il venait de me dire.

(Signé) DE QUERBOEN, née AUDET ».

« Je certifie le récit ci-dessus véritable, ayant donné moi-même à la malade l'idée de se vouer à cette « bienheureuse » (Mademoiselle du Bois de la Roche), n'ayant espoir à ce moment en aucun rémède.

(Signé) DUBOIS DE SAINT-GOUAN ».

« Attesté tous ces faits vrais.

. (Signé) Julie DUBOIS ».

Extrait de « Vie de Anne de Volvire » réimprimée chez Bazouge fils et Cⁱᵉ, à Rennes.

VI

« Moi, François Garel, grand-père de la petite Hervigot, depuis trois ans ulcérée en plusieurs endroits du corps et pouvant à peine marcher, (quand) son père et moi nous l'avons conduite au Tombeau de Mademoiselle Anne-Toussainte de Volvire ; étant entrés dans l'église devant le Saint-Sacrement, pour demander du secours à Dieu, nous avons donné (à l'enfant) un cierge et l'avons conduite au Tombeau en récitant les Litanies de la Sainte

Vierge. De là, nous avons été *(sic)* à la Fontaine (de la « Sainte ») ; et ayant découvert ses plaies pour les lui laver, nous avons été fort étonnés de n'y trouver que des cicatrices ; nous sommes revenus à l'église rendre grâce à Dieu d'une telle faveur. Nous sommes ensuite retournés chez nous, où la petite (fille) parfaitement guérie, s'est mise à jouer avec les autres enfants.

(Signé) Gabriel HERVIGOT ; François GAREL ;
Sœur ANTHIME, religieuse de l'Hô-
pital de Malestroit ».

(Extrait de « Vie de Anne de Volvire », réimprimée chez
Bazouge fils et Cⁱᵉ, à Rennes.

1840

Le registre paroissial de Néant relate la guérison suivante que Madame veuve Loysel et M. Victor, son fils, de Ploërmel, y ont fait insérer en actions de grâces.

« Mon fils Victor, ici présent, âgé de 4 à 5 ans en 1840, dit cette Dame, jouait à la maison avec des enfants voisins. Poussé par ceux-ci, Victor tomba et se blessa la tête à la rampe d'un escalier. Quelques jours plus tard, il perdit la vue, et même une taie se forma sur un de ses yeux. Tous les soins possibles lui furent donnés. Malgré tout, la cécité persistait. Après six mois environ d'inquiétude et de peine, son père et moi nous eûmes recours aux moyens surnaturels, et, pour cela, nous promîmes un voyage au Tombeau de Mademoiselle Anne-Toussainte de Volvire.

Au moment du départ, Victor était aveugle. Onze kilomètres nous séparaient de Néant. Nous allions à pied selon notre vœu, mon époux, Victor et moi. Par bonheur pour l'enfant fatigué, un meunier en charrette nous rejoignit ; il allait vers Néant. Cet homme monta notre enfant sur les sacs de farine de sa charrette. Nous avancions ensemble, lorsque l'enfant éleva la voix pour demander des fleurs qui croissent au buisson du chemin et des pommes d'un arbre voisin. Notre enfant voit maintenant, dîmes-nous au meunier !... Oui, il voit. Il est aujourd'hui, à 56 ans, secrétaire en chef de la mairie de Ploërmel.

« Nous ne pouvons dire notre profonde gratitude pour la bonne « Sainte » de Néant. Aussi, depuis ce jour merveilleux, mon mari faisait annuellement le voyage de Ploërmel à Néant en action de grâces ; il l'a effectué jusqu'à l'âge de 81 ans. Actuellement, Victor et moi nous le remplaçons.

Néant, le 8 avril 1892.

> Signé : Victor LOYSEL,
> Louis LOYSEL pour sa mère. »

Extrait du Registre paroissial de Néant.

Le samedi, 21 octobre 1894, M. Pierre-Marie Deslandes, recteur de Néant, recevait pour le Registre paroissial la déposition suivante :

« Aux mois de février et de mars derniers, Antoine Trochu, de Mauron, âgé de trois ans, avait d'abord été atteint de la rougeole, puis de fièvres intermittentes. L'enfant souffrait beaucoup. M. le docteur Gouery, médecin à Mauron, et aussi M. le docteur Daversin, médecin à Ploërmel, lui donnaient leurs soins ; il n'allait pas mieux ; au contraire, il dépérissait à vue d'œil sous l'étreinte du mal. Dans le moment des crises, le jeune malade avait demandé à boire de l'eau de la Fontaine de la « Sainte » de Néant, dont lui avaient parlé ses parents. Un jour qu'une crise plus violente s'était déclarée subitement, on crut que le petit Antoine allait mourir. Vite l'on envoya prévenir la Religieuse Garde-malades de Mauron qui vint aussitôt, et, regardant l'enfant qui semblait agoniser, elle dit à la famille : « Probablement votre enfant va s'en aller chez le bon Dieu ; faites-en le sacrifice ». Avec la famille elle se mit à recommander le petit moribond à la protection de Mademoiselle Anne-Toussainte de Volvire. Durant ce temps, sa mère lui fit boire quelques gouttes d'eau de la Fontaine de la « Sainte » de Néant. A l'instant Antoine se mit à vomir. Il était revenu à la vie... Depuis ce moment, il cessa d'avoir la fièvre ; il était guéri.

« La famille aussi bien que la Religieuse sont convaincues de la protection de Mademoiselle Anne-Toussainte dans cette circonstance. Aussi la première sortie du petit Antoine après sa guérison fut un voyage au Tombeau et à la Fontaine de Mademoiselle Anne-Toussainte.

« En foi de quoi ces personnes ont signé au registre :

> Virginie Durot, grand'mère de l'enfant ;
> Marie Durot, tante de l'enfant ;
> Anne-Marie Durot, mère de l'enfant.

Extrait du Registre paroissial de Néant.

Le 19 juillet 1896, Henri Bouëdo, âgé de 34 ans, du village de la Ville-Gourdan, paroisse de Josselin, déposait devant M. Pierre-Marie Deslandes, recteur de Néant, ce qui suit :

« En 1886, après avoir souffert depuis le commencement du Carême, je fus pris d'un rhumatisme articulaire si violent que je fus trois mois sans pouvoir marcher ni me servir de mes bras. Durant mes douleurs, je promis un voyage au Tombeau de Mademoiselle Anne-Toussainte de Néant.

« Au mois de Juillet de la même année, sans être mieux portant, j'entrepris d'accomplir ma promesse. Grandes furent mes douleurs pour monter en voiture, plus grandes encore pour en descendre, arrivé à Néant ; il fallut même me faire glisser sur une botte de paille... Mon état excitait la compassion des assistants. Ayant pris quelque peu de nourriture chez Pierre Launay, et, appuyé sur une béquille, je crus pouvoir me soutenir ainsi. En effet, je marchai jusqu'à l'église, au Tombeau de la « Sainte » ; de là, à sa Fontaine éloignée de 700 mètres, puis je revins audit Tombeau, et je regagnai l'hôtel Launay avant de partir pour la Ville-Gourdan.

« Depuis ce jour, j'ai continué d'aller de mieux en mieux jusqu'à ma complète guérison. Voilà dix ans passés, et je me sens encore tout ému de reconnaissance envers ma Bienfaitrice, Mademoiselle Anne-Toussainte, qui m'a obtenu une parfaite guérison.

« Comme témoignage de la sincérité de ma déposition, je signe :

« H. Bouédo. »

Extrait du Registre paroissial de Néant.

Après le récit des précédentes faveurs, le premier biographe de Mademoiselle du Bois de la Roche conclut : « J'ai rapporté ces faits tels qu'ils sont ; comme ils n'ont pas été examinés par l'Eglise, le lecteur en portera le jugement qu'il voudra ; je le prie d'être équitable dans la censure qu'il en portera... Je prie également tous ceux qui ont reçu des faveurs du Ciel par l'intercession de Mademoiselle du Bois de la Roche de les faire connaître par des actes authentiques, afin de les soumettre au jugement de l'Eglise » (1).

1. Op. de 36 p.

CONCLUSION

———

> « Voici la servante du Seigneur
> Dieu, qu'il me soit fait selon
> votre parole » (2).

Notre-Dame de Concoret tient unis deux cœurs d'or. C'est le symbole admirable de l'union parfaite de « la simplicité jointe à la mortification », vertus sublimes que Mademoiselle du Bois de la Roche, fille de la charité et fille de Sainte Marie de la Visitation, a puisé dans la charité et qu'elle vient de nous découvrir dans l'esquisse de sa vie si bien remplie jusqu'à la mort d'œuvres charitables. Elle ne put mériter le nom de « divin vieillard » ; Dieu la cueillit, charmante fleur virginale, dans la force de l'âge. Sa charité si grande allait s'ensevelir dans la tombe à en croire « les pleurs et les sanglots » de ses nombreux protégés. Vivante, elle avait dit : « Je les pansai ; Dieu les guérit » ; morte, « elle prie et Dieu l'exauce »,

1. Luc, 1, 38.

témoins deux siècles de faveurs reçues à son Tombeau et à sa Fontaine. Comment ne pas conclure que son âme, admise à la béatitude céleste, plane toujours, non seulement sur le comté du Bois de la Roche où résident les descendants de ses amis d'antan devenus ses privilégiés perpétuels, mais partout où il y a une âme et un corps souffrants qui s'adressent à elle avec confiance ! C'est qu'en effet, sa charité s'est accrue de la charité de Dieu même. De là, cet empressement à prier par son intercession, cet abandon entre les bras de cette symbolique providence qui ne fait exception de personne : l'enfant comme le père ou la mère de famille, l'indigent, le riche arrivent à son Tombeau et à sa Fontaine pour demander son assistance ; l'habitant du château, celui de la chaumière s'adressent à elle et les faveurs pleuvent sur le pays.

Ses frères tiennent l'épée pour la défense de la patrie sur terre et sur mer, ses sœurs ont embrassé l'arme de la prière, elle est sœur de charité, venons-nous de dire. Sa part, c'est le travail sans trêve, et, de préférence, le travail obscur, accompli sous l'œil de Dieu.

Mais, en somme, quelle fut la caractéristique, quel fut le but de cette très noble existence dont Mademoiselle du Bois de la Roche ne s'est pas détournée un instant, ce qui est particulièrement admirabe et quelque peu imitable ?...

Sont loin d'être infuses en nous les vertus morales, comme les vertus théologales : il faut les acquérir, on le sait, par de longs et parfois difficiles actes.

Ainsi, l'*humilité* ou la base des autres vertus morales s'enracina dans son être à un point tel qu'elle lui donna la paix du cœur : son bonheur était inaltérable. Ce qui trouble l'orgueil : l'oubli, le mépris, faisaient ses délices. *Cette vertu fait porter le ciel avec soi*, dit un célèbre ascète (Bellecius. De la solide vertu). Mademoiselle du Bois de la Roche l'estimait à l'égal de la *perle précieuse* (Matt. 13), et comme le marchand de l'Evangile. Elle travailla toute sa vie à la localiser dans son cœur. — Sa *persévérance* dans les bonnes œuvres fut constante, sans défaillance, sans le moindre ralentissement. Le froid, la chaleur, les ténèbres, la lumière, rien ne l'arrêta dans son sublime ministère de charité. — Sa *mortification*, portée au plus haut degré, couronne ses autres vertus morales : nous pouvons l'affirmer avec le vicaire général de Paris (Tresvaux du Fraval) et tous ses biographes. Durant sa vie, elle obtint de grandes faveurs du ciel, mais défense *formelle* d'en parler était faite si on voulait éviter sa disgrâce. Elle voulait Dieu seul pour témoin de ses bonnes œuvres. « Faites-vous un trésor dans le ciel que ni la rouille ni les voleurs ne vous enlèvent » (1).

« On le voit, continue le comte de Palys (2), ce ne sont pas les grands sacrifices du Carmel, les mortifications héroïques des Clarisses et de certains saints, l'éloignement de son pays pour aller porter la Vérité éternelle aux paysans, ni les extatiques

1. Luc, xii, 33.
2. Sa lettre du 14 juillet 1905.

ravissements en Dieu dont il a favorisé certaines âmes. — Non, c'est une vie toute *simple*, toute *unie*, dans un humble petit coin de terre ignoré. Mais une vie appliquée chaque jour aux devoirs assez ingrats parfois vis-à-vis du peuple, des petits, des souffrants de toutes les classes de la société, sans tapage, mais aussi sans défaillance, — et voyez qu'elle récompense même ici-bas ! — la reconnaissance fidèle, persistante et si rare que le peuple et les descendants de ses vasssaux pour lesquels elle fut une *mère*, ont conservé pour elle. — Rien n'est pius rare, rien n'est plus touchant que ce culte localisé dans ce petit pays encore tout embaumé de son souvenir ».

Puissent les documents nouveaux semés çà et là dans notre travail avoir jeté simplement sur sa vie quelque lumière, et sur son histoire, sa vraie histoire, avoir précisé « ce qui contribue, écrit Littré, à modifier l'âme, former les opinions et les mœurs par des idées et des impressions qui remplissent, dominent l'âme des contemporains » et leur font comprendre cette profonde réflexion de l'abbé Tresvaux du Fraval : « C'est ainsi qu'on honore une jeune personne qui quitta courageusement le monde à la fleur de l'âge, pour s'attacher uniquement à Dieu et à ses membres souffrants ; le siècle n'aurait eu que des avantages temporels à lui offrir, elle les méprisa généreusement et le Seigneur du ciel et de la terre a voulu qu'elle reçut des honneurs plus vrais et bien plus durables que ceux qui enivrent les mondains ».

Enfin, nous déclarons avec son premier biographe, qu'en rédigeant cette vie de Mademoiselle du Bois de la Roche, nous n'avons pensé qu'à édifier le prochain et mériter sa protection auprès du bon Dieu. Notre prière finale sera donc : « Qu'il nous sera doux après avoir essayé de vous faire connaître, ô Anne Toussainte, de nous retrouver au ciel, de nous reconnaître, d'entourer l'Agneau divin et de répéter ensemble ce chant qui retentit d'âge en âge : Hosanna ! alleluia ! ! O Anne Toussainte, prie, intercède pour nous !

FIN

PIÈCES JUSTIFICATIVES

I

FAMILLE DE VOLVIRE (1).

Ingelelme, vicomte de Volvire, en Poitou, 1032, fut le 7e aïeul de :

1. De Volvire. — Famille originaire du Poitou, posséda Nieuil-sur-Autise ; — la Rocheservière, dans les Marches ; — le Fresnay, en Plessé ; — la Motte-Aleman, en Saint-Nazaire ; — la Roche-Hervé, en Missillac (1) ; — le Goust, en Malville ; — la Laujardière, en Vallet ; — les Ponts-de-Pirmil, en Nantes ou Saint-Sébastien ; — Marquisat de Ruffec, en Angoumois, en 1588 ; — le Comté du Bois de la Roche, en Néant, 1607 ; — le Vicomté de Loyat en la paroisse de ce nom ; — le Marquisat de Saint-Brice, en Coglès, en 1650 ; — la baronnie de Sens, en la paroisse de ce nom ; — fut sieur de Grenonville et de Queneville, en Normandie ; — de Pontsal, en Plougoumelin ; — ᴜ Dréors, en Priziac.

Armes : *Burelé de dix pièces d'or et de gueules* » aliàs : « *Au franc canton de vair* » (sceau de 1389).

D'après le nobiliaire de Bretagne.

1. De la Roche-Hervé. — Le premier possesseur de cette terre noble fut Hervé de Volvire de Ruffec, sgr du Fresnay en Plessé. Son fils, Morice, lui succéda en 1396. — Les de Téhillac héritèrent des de Volvire en 1549. La Roche-Hervé, au 17e siècle, appartient à B. Lebreton, marquis du Colombier, époux de Gabrielle du Téhillac, puis aux Galard ; au 18e siècle, elle passa aux Becdelièvre. En 1790, elle appartenait à un Derval, seigneur de l'Espinefort.

(L. Maître, Ance Baronnie de la Roche-Bernard, p. 104-105).

IX. — Hervé de Volvire qui épousa, vers 1270, Anastasie de Blair, dame de Pont-Château, du Fresnay, de Chasseron, et eut entre autres :

X. — Morice I de Volvire, chevalier, seigneur du Fresnay, de Chasseron, de Rocheservière, épousa Etaïsse de Pont-Château, dame de Rocheservière, fille de Hervé de Blair et de Olive de Chabot, et fut tué dans un combat contre les Anglais, le 15 août 1380 ; ayant eu entre autres :

XI. — Hervé II de Volvire, chev. seigr du Fresnay, de Chasseron, de Rocheservière, de la Motte-Aleman, épousa vers 1336, Aliénor, baronne de Ruffec. Il bâtit un château à Missillac, qu'il appela la Roche-Hervé, et qu'il céda, le 6 novembre 1396, à son fils, Morice. Il eut : 1° Morice II, baron de Ruffec, seigr du Fresnay et de Rocheservière, en 1404 et 1407, mort sans postérité de Isabeau de Rochefort son épouse. — 2° Nicolas qui suit :

XII. — Nicolas de Volvire, chevalier, baron de Ruffec et du Fresnay, seigr, etc. Commandeur et chambellan du duc de Bretagne, épousa Marie de Bazoches, fut créé baron du Fresnay, le 3 avril 1440, et mourut la même année, ayant eu entre autres : 1° Joachim qui suit (XIII) ; — 2° Aliénor, dame de la Roche-Hervé et de la Rocheservière, épousa, en 1458, François de Téhillac auquel elle porta ses seigneuries, et dont elle eut postérité.

XIII. — Joachim de Volvire, baron de Ruffec et

du Fresnay, épousa Marie de Belleville, dame de Harpodenne, et fut le bisaïeul de :

XVI. — René de Volvire, baron de Ruffec et du Fresnay, seigr de la Rocheservière, devint *vicomte du Bois de la Roche* par son mariage, en 1516, avec Catherine de Montauban ; il fut le trisaïeul de la « Sainte » de Néant, Mademoiselle Anne-Toussainte.

———

II

Acte de mariage de Charles
de Volvire de Ruffec.

« Le 22 septembre 1652, mariage dans la chapelle de Saint-Joseph nouvellement bâtie à Menoray, en Locmalo, évêché de Vannes, entre Messire Charles de Volvire de Ruffec, comte du Bois de la Roche, de la paroisse de Néant, évêché de Saint-Malo, et de Demoiselle Anne de Cadillac, fille de Messire Jean de Cadillac et de Dame Marguerite de Coniac, seigneur et dame de Menoray ».

Extrait des archives Morbihannaises, série E, t. 5. p. 61.

———

III

Acte de baptéme de Anne-Toussainte de Volvire de Ruffec.

« Le second jour de novembre 1653, je soussigné, Recteur de la paroisse de Néant, ai baptisé Anne Toussainte de Volvire de Ruffec, fille de haut et puissant seigneur Charles de Volvire de Ruffec, comte du Bois de la Roche, seigneur de Bédée, le Rox, le Binio, Château-Tro, Saint-Guysnel et autres lieux, et de haute et puissante Dame Anne de Cadillac, sa compagne et épouse. — Parrain, Jean Gaspais ; marraine, Julienne Nouvel, pauvres. (Signé) Jean Roux, recteur de Néant ».

Morte en *odeur de sainteté.*

Extrait des actes paroissiaux de Néant, 1653.

IV

Rue de Volvire, à Rennes.

« La Rue de Volvire, en la ville de Rennes, est située au bas de la place de la Mairie ; elle fut ouverte lors de la reconstruction de la ville de Rennes après le fameux incendie de 1720, et reçut le nom du comte de Volvire, Philippe-Auguste-Joseph, lieutenant du Roy, qui fut chargé de représenter le comte de Toulouse, gouverneur de la Bretagne, lors de la pose de la première pierre de l'Hôtel de ville, le 12 avril 1734 ».

Extrait de l'Histoire de Rennes.

V

Funérailles de Henri de Volvire de Ruffec.

Dom Etienne Prévost, prieur-recteur de Guilliers, raconte au registre paroissial la cérémonie des funérailles de Mre Henri de Volvire de Ruffec, comte, du Bois de la Roche, et dit :

« Le 8e jour d'octobre 1645, décès de Henri de Volvire de Ruffec, comte du Bois de la Roche, à son château du dit lieu. Son corps embaumé demeura huit jours en la chapelle Sainte Anne du château. Un service fut célébré tous les jours par les recteurs et prêtres des paroisses voisines, à tour de rôle. Le lundi, seize, le corps fut mis dans un carrosse à six chevaux avec carrossier et postillon, et fut conduit à Ploërmel. Grande affluence de prêtres et de peuple de tout rang. Reçu par les Pères Carmes et tout le Clergé de Ploërmel, il entra dans la ville par la Porte de Haut et en sortit par la Porte de la Petite-Ville, pour être mené à sa chapelle ardente (de Notre-Dame de Recouvrance) préparée dans le chœur de l'église des Pères Carmes, toute tendue et illuminée et chargée d'écussons.

Là eut lieu un nouveau service suivi d'une oraison funèbre et de l'inhumation dans son tombeau et chapelle (susdite) du Bois de la Roche, situés à droite dans l'église des Pères Carmes ».

Extrait des archives Morbihannaises, série E, suppl., p. 309- — Voir, aux archives municipales de Ploërmel, le service funèbre en l'église de Saint-Armel pour le repos de l'âme de Henri de Volvire, commandant de la Bretagne. (Registre BB.)

VI

Bénédiction d'une Cloche, à Guilliers.

« Le 20 février 1659, bénédiction de la petite Cloche de Guilliers (celle de la chapelle Saint-Louis de la Madeleine ou Hôpital), nommée Anne. Parrain et marraine, Joseph et Anne-Toussainte de Volvire de Ruffec, enfants de Charles de Volvire de Ruffec et de Anne de Cadillac, comte et comtesse du Bois de la Roche. Maître Guillaume du Parc, fondeur ».

Extrait des Archives morbihannaises, série E. suppl., p. 309.

VII

Chapelle du Sacré-Cœur de Jésus et chapelle du Saint-Rosaire en l'église de Néant.

« La chapelle du Saint-Rosaire en l'église paroissiale de Néant est des plus anciennes au diocèse de Saint-Malo. La chapelle du Sacré-Cœur dépendait du château de Bouëssis avec enfeu prohibitif. Elle fut construite en 1701, par écuyer Toussaint-Jean de Busnel, seigneur de Montoray, châtelein du Bouëssis. La dernière de la famille qui y fut inhumée, est demoiselle Maclovie-Marie-Hyacinthe du Breil, marquise de Nevet, décédée au Bouëssis, en 1814, laissant postérité à la Touche-Larcher ; elle était femme de Henri de Busnel (1767-1847). La famille de Busnel est originaire de l'évêché de Dol où elle vivait au xive siècle.

Tresvaux du Fraval, Ogée et autres.

VIII

Testament de Anne-Toussainte de Volvire de Ruffec.

« In nomine Domini. » — Amen.

« Le dixième jour de février mil six cent quatre-vingt-quatorze, avant midi, devant nous, notaires royaux de Ploërmel et du Bois de la Roche, avec submission, etc... fut présente devant nous Demoiselle Anne-Toussainte de Volvire de Ruffec, dame du Bois de la Roche, demeurant au château du Bois de la Roche, paroisse de Néant, évêché de Saint-Malo, étant à présent détenue de maladie corporelle, néanmoins saine d'esprit et d'entendement, sachant qu'il n'y a rien de plus certain aux plus

sains que la mort, et de plus incertain que le moment d'icelle, et voulant disposer de ses affaires tant
spirituelles que corporelles, Veut la dite Demoiselle
que, son décès arrivé, son corps soit inhumé dans
l'église de Néant, au bas d'icelle, joignant les fonts,
sans aucune pompe ni tente (tenture), pour lequel
enterrement faire, elle a légué la somme de trois
cents livres, lequel enterrement sera fait par les
prêtres de la dite paroisse et autres paroisses cir-
convoisines, lequel étant payé, le reste de la dite
somme de trois cents livres sera employé pour faire
dire des messes pour le repos de son âme ou aux
pauvres ; — Déclare la dite Demoiselle qu'elle a un
contrat de constitution de trois cents livres de rente
sur la Chambre des Comptes de Nantes, pour le
prix de trois mille six cents livres de principal
qu'elle lègue et donne à perpétuité à l'Hôpital général de la ville de Ploërmel pour l'entretien et
nourriture des pauvres du dit Hôpital seulement,
sans que les Filles du Père Ange (Le Proust), qui y
peuvent être, en puissent profiter en aucune manière, voulant que si les dites Filles prétendent ti-
rer, en subsistance ou en entretien, non seulement
du dit contrat de constitution, mais même des autres biens appartenant au dit Hôpital, elle déclare
révoquer la présente donaison et la faire à l'Hôpital
général de Loudun : l'institution des dites Filles
étant de servir les pauvres à leurs frais, sans leur
être à charge et la pratique en étant ainsi à Loudun ; Veut et entend la dite Demoiselle que, pour
quelque cause et nécessité que ce puisse être, la
dite somme de trois cents livres de rente ne pourra

être employée à autre chose que à l'entretien et nourriture des pauvres, si bien que si la dite Chambre des Comptes voulait franchir le dit contrat de constitution, Messieurs les Directeurs du dit Hôpital seront obligés d'en replacer le fonds en un autre contrat de constitution ou en une acquisition d'un fonds utile et profitable au dit Hôpital et qui puisse rapporter même revenu ; Pour la sûreté de quoi, la dite Demoiselle prie l'exécuteur du présent Testament d'avoir l'œil, parce que les dits Directeurs ne pourront recevoir le dit franchissement ni le remplacer en un autre contrat de constitution, ou autre acquisition sans son avis ; Demande au dit Hôpital que pour le repos de son âme et des seigneurs de sa maison, les pauvres du dit Hôpital disent tous les jours un *De Profundis*, un *Pater* et un *Ave* ; Lequel contrat de constitution est au nom de sieur et dame du Tullaye, qui en ont donné leur contre-lettre et reconnaissance, comme quoi il appartient à la dite Demoiselle, laquelle est entre les mains du Révérend Père Victor, religieux Carme de Paris, duquel l'exécuteur testamentaire, ci-après nommé, la retirera.

Déclare en outre la dite Demoiselle léguer la somme de neuf cents livres une fois payée à l'Hôpital général de Saint-Brieuc, laquelle somme de neuf cents livres lui est due par billet dont, étant payé, l'exécuteur testamentaire remettra le prix entre les mains de Messieurs les Directeurs généraux du dit Hôpital aux conditions que le dit Hôpital nourrira et entretiendra une petite fille nommée Anne du Parc, que la dite Demoiselle présente pour cet effet, laquelle sera élevée et instruite jusqu'à ce qu'elle puisse gagner sa vie, qui, à l'âge de dix-huit ans, laquelle étant sortie, le seigneur Comte du Bois de la Roche, son frère, sera en droit d'en replacer une autre, et ainsi successivement pour ses successeurs, lesquelles seront élevées et instruites jusqu'à ce qu'elles puissent gagner leur vie et qu'on trouve à les bien placer ; et si par négligence, les seigneurs Comtes du Bois de la Roche omettaient de représenter des pauvres, comme il est dit ci-dessus, Veut la dite Demoiselle que les cinquante livres de rente que produisent les dites neuf cents livres, soient employées pour entretenir l'huile de la lampe qui brûle devant le Saint-Sacrement au dit Hôpital, et si le dit fonds est plus que suffisant, pour le surplus, qu'on dise des messes pour le repos de son âme et de celles de sa famille ; et comme le fonds de tout ce qu'elle lègue ci-dessus ne provient point de sa maison, mais de ses soins, de son travail et de ses ménagements, elle a toujours prétendu en faire dons en faveur des pauvres ; elle espère que Messîre le Comte du Bois de la Roche, son frère, continuant le consentement qu'il lui a donné ci-devant, ne s'opposera pas à l'exécution du présent Testament, de quoi elle le supplie très humblement, et en faveur duquel elle déclare révoquer tous les précédents testaments qu'elle pourrait avoir faits, ci-devant ; et pour faire exécuter le présent, elle a choisi Messire le Comte (de Carné) de Trécesson qu'elle a prié de vouloir accepter la dite charge d'être son exécuteur testamentaire, — à quoi le dit seigneur, présent devant nous, notaires, a consenti et promis de s'en acquitter avec le plus de soin et de diligence qu'il lui sera possible ; — et parce que les dites parties ont fait ce que ainsi voulu, promis, juré le vouloir tenir sans y vouloir contrevenir, nous, notaires, à leur requête, leur avons rapporté le présent (acte) au Bois de la Roche dans une chambre haute, sous les seings desdits seigneurs et dames et les nôtres ; De plus, veut la dite Demoiselle que, au cas que pour les choses exprimées ci-devant, la donaison qu'elle a faite à l'Hôpital de Ploërmel, tournât au profit de celui de Loudun, celui de Ploërmel jouira des cinq années prochaines des dites trois cents livres de rente, et cela pour marquer au dit Hôpital la bienveillance que la dite Demoiselle a toujours eue pour le dit Hôpital ; Entend aussi la dite Demoiselle que les neuf cents livres qu'elle a léguées à l'Hôpital de Saint-Brieuc seront passées en constitut dans un fonds utile et profitable, de manière que le fonds ne puisse être changé. — Donné et gréé comme devant. — Ainsi signé (en l'original) :

Anne-Toussainte DE VOLVIRE DE RUFFEC ;

Anne DE CADILLAC, marquise du Bois de la Roche ;

Madeleine-Elisabeth DE BAUX, comtesse du Bois de la Roche ;

Joseph de Volvire DE RUFFEC, comte du Bois de la Roche ;

Joseph-Pierre Ermar de BEAUREPAIRE, recteur de Ploërmel ;

François-Gilles DE CARNÉ, comte de Trecesson » (1).

Suivent les signatures des notaires.

Extrait des Archives municipales de Ploërmel.

IX

Acte de décès de Mademoiselle Anne-Toussainte de Volvire de Ruffec.

« Ce jour, vingt-unième de février mil six cent quatre-vingt-quatorze, a été inhumé dans l'église de Néant, au haut des fonts baptismaux, du côté vers minuit où est la sainte piscine, comme elle l'a demandé par son testament, le corps de Demoiselle Anne-Toussainte de Volvire de Ruffec, fille aînée de feu Messire Charles de Volvire de Ruffec et de Dame Anne de Cadillac de Menoray, seigneur et Dame du Bois de la Roche. La dite Demoiselle âgée d'environ quarante ans, et après avoir reçu les sacrements de la pénitence, de l'eucharistie et de l'extrême-onction administrés par Dom Jean Eon, pèn-

1. De Trécesson. — Famille d'extraction ancienne et chevaleresque, vivant en Campénéac, Cruguel et Tréal, évêché de Saint-Malo et de Vannes, a produit entre autres un chambellan et connétable de Bretagne, un chevalier de Malte, un lieutenant général des armées du Roi, un chef de division des armées navales, dont les descendants écartèlent : aux 1 et 4 de Trécesson ; 2 et 5 de Coëtlogon, sur le tout de Carné.

dant qu'elle demeurait à Ploërmel, et décédée le jour d'hier, environ midi ».

Signé : Pierre TRESSART, prêtre.

X

Abbaye du Mont-Cassin, de Josselin.

« Vers 1661, vivait Suzanne de Guémadeuc, prieure de Locmaria en Plumélec. Son frère Sébastien, évêque de Saint-Malo, obtint en 1677, l'érection en *abbaye* du prieuré du Mont-Cassin, de Josselin, en la paroisse de Saint-Nicolas, et y fit nommer sa sœur pour première abbesse. Celle-ci fut remplacée plus tard par sa nièce, Eléonore, comme dans un fief de famille. Cette fondation était trop peu considérable pour soutenir son titre d'abbaye, et avant la Révolution (1793) elle était tombée au rang de prieuré ». (Histoire du diocèse de Vannes, t. II, p. 125).

Vu les faveurs obtenues par des habitants de Josselin au Tombeau de la « Sainte » de Néant du temps de Madame Marie le Mallier de Chassonville, marquise du Bois de la Roche, sa nièce ; celle-ci semble être l'auteur d'une biographie première de Mademoiselle du Bois de la Roche, imprimée à Vannes, chez veuve Bizette. Cet opuscule, relatant la vie abrégée de Mademoiselle Anne-Toussainte de Volvire de Ruffec, a été réimprimée à Rennes en

1876. Madame le Mallier de Chassonville, devenue veuve, s'était retirée à l'abbaye du Mont-Cassin après 1752 ; là, elle a été comme au Bois de la Roche, la providence du pays. Le 28 janvier 1783, elle mourut à cette abbaye pleurée des Josselinais.

XI

Anne de Volvire de Ruffec et Anne-Toussainte de Volvire de Ruffec, Demoiselles du Bois de la Roche.

Mademoiselle Anne-Toussainte de Volvire de Ruffec n'a jamais été supérieure du Séminaire des Filles de la Sainte-Vierge Marie de Rennes et on la représente à Néant et à Vannes sous le costume primitif de cette vénérable communauté.

Tout en sauvegardant le respect et l'autorité de ceux qui ont dit le contraire, nous avançons et nous affirmons que Mademoiselle Anne Toussainte de Volvire de Ruffec n'a pas pu être, n'a jamais été supérieure du Séminaire des Filles de la Sainte Vierge Marie dirigé par les Dames Budes de Rennes. Nous prévenons aussi le lecteur que cette affirmation peut soulever bien des réclamations, nous nous y attendons du moins ; car, elle va à l'encontre de l'opinion la plus répandue, surtout au moyen du costume, et depuis au moins un demi-siècle : Dieu sait s'il est dangereux de s'élever contre le suffrage universel ! Cependant, après maintes hésitations et pour l'amour de la vérité, nous essayerons de défendre notre thèse parce que nous avons vu plus d'une fois les usages mal fondés, même les plus accrédités, renversés d'un seul coup par l'apparition d'une simple explication vraie.

En effet, l'erreur que nous signalons vient sans doute de la confusion de la nièce et de la tante, Anne de Volvire la tante et Anne-Toussainte de Volvire la nièce. Cette confusion s'est faite probablement à propos de *trois actes* faits au nom de Anne de Volvire la tante et non au nom de Anne-Toussainte de Volvire la nièce. Malgré nos recherches, nous n'avons pu lui trouver d'autre origine.

Mais les deux Demoiselles de Volvire susdites, Anne la tante (1618 †...) était fille de Henri de Volvire et de Hélène de Talhouët ; elle embrassa la vie religieuse au monastère de la Visitation du Colombier de Rennes ; — la seconde, Anne-Toussainte la nièce (1653-1694) était fille de Charles de Volvire et de Anne de Cadillac ; elle demeura pieuse et charitable Demoiselle au château du Bois de la Roche en Néant où la tradition montre encore le lieu de la chambre où elle est morte.

La ville de Rennes avait deux maisons de la Visitation : le monastère de la Madeleine fondé, en 1628, par Dame Renée du Quengo, veuve d'Olivier du Châtelier, sieur de la Hautoye ; — l'autre, le monastère du Colombier, établi par les Supérieurs de l'Ordre de la Visitation, en 1641. C'est dans cette maison du Colombier que Mademoiselle Anne de Volvire, la tante, devint Visitandine.

De même, Madame Jeanne Brandin, veuve de Jean Budes, à la mort de son mari, se retira avec sa fille, Marie-Anne Budes, riche héritière, au monastère du Colombier où mourut jeune Mademoiselle Marie-Anne Budes, religieuse Visitandine. — En 1676, Dame Jeanne Brandin, après maints procès et pour exécuter les volontés dernières de sa fille, Marie-Anne Budes, fonda le Séminaire des Filles de la Sainte Vierge Marie de Rennes pour vingt-cinq religieuses de la Visitation qui suivirent Dame Jeanne Brandin dans le nouveau monastère, nommé des Dames Budes, situé rue de Toussaint à Rennes. Des lettres-patentes, de 1678, approuvèrent cette nouvelle maison.

Au nombre de ces vingt-cinq religieuses Visitandines se trouvait Anne de Volvire (la tante). Dame Anne de Volvire, à 71 ans, devint supérieure de ce nouveau monastère des Dames Budes, comme le prouvent trois actes de 1689-91. Nous donnons ici copie des trois actes, en question, faits au nom de Dame Anne de Volvire, la tante :

1er Acte

« L'an mil six cents quatre vingts neuf, ce quinziesme jour du moys de decembre après midy Devant nous notaires royaux à Rennes sous signez ont comparu en leurs personnes damoiselle anne guerif premiesre assistante, damoiselle 2me assistante, id. 3e assistante, etc.

« faisant pour l'absence de damoiselle anne de Volvire de Ruffec, dame du Bois de la roche superieure du dit Séminaire des Filles de la Sainte

Vierge Marie fondé pour la subsistance des pauvres filles de qualité, etc. ».

Cet acte est une demande d'exemption de droits d'amortissement sur différentes maisons situées aux environs des logement et clôture du Séminaire des Fillés de la Sainte Vierge Marie.

2ᵉ Acte

« Le premier jour du moys de mars mil six cents quatre vingt onze après midy en la demeure d'honorable femme Renée Lohat veusve de julien du bourg, size rue Vasselot etc. d'une part et damoiselle anne de Volvire de Ruffec dame du Bois de la roche superieure du Séminaire des filles de la sainte Vierge Marie et anne gueriff première assistante, etc. ».

Cet acte est une fondation de messes faite au Séminaire des Filles de la Sainte Vierge Marie.

3ᵉ Acte

« Le quatorziesme jour Du moys d'octobre mil six cents quatre vingt onze apres midy Devant nous notaires royaux à Rennes soubz signez ont comparu damoiselle Anne de Volvire de Ruffec dame du bois de la Roche Supérieure du Séminaire des filles de la Sainte Vierge Marie et damoiselle Anne gueriff etc. ».

Cet acte est l'acquit d'une fondation faite au Séminaire des Filles de la Sainte Vierge Marie (1).

Voilà les trois actes qui, par erreur ou défaut de renseignements, ont fait attribuer à la nièce ce qui n'appartient qu'à la tante. De plus, pour attacher ce semble la nièce au diocèse de Rennes, sa vie (une plaquette de 24 pages édictée à Vannes chez veuve Brizette au XVIIIe siècle), a été corrigée, il est vrai bien imparfaitement et sans avertissement, et réimprimée à Rennes, chez Bazouge fils et Cie en 1876. Et même une gravure de Anne Toussainte de Volvire, la nièce, en costume primitif de Dames Budes a également été éditée et déposée dans l'église de Néant, jusqu'à sa récente restauration et même insérée dans l'Histoire de l'Eglise de Vannes, tome deux, sans parler de celle qu'a reçue le marbre du Tombeau actuel de Mademoiselle Anne Toussainte de Volvire dans l'église de Néant. Des auteurs touristes et autres, en ont parlé dans leurs livres. MM. les Recteurs de Néant successifs, parfaitement dans la bonne foi, ont eux-mêmes vendu des copies ou photographies de cette gravure. Telles sont quelques-unes des conséquences, inadmissibles pour nous, de cette erreur.

Mais ces trois actes susdits sont faits au nom de Anne de Volvire la tante, et non pas au nom de Anne Toussainte de Volvire, la nièce ; il ne pouvait en être autrement. En effet, Anne de Volvire, la tante, Visitandine, demeure attachée au Séminaire

1. Actes dus à l'obligeance de la Révérende Mère Marie-Thérèse, économe du Monastère des Dames Budes, à Rennes.

des Filles de la Sainte Vierge Marie où elle est supérieure en 1689-91 ; tandis que Anne-Toussainte de Volvire, la nièce, vit pieuse Demoiselle au château du Bois de la Roche depuis 1672, occupée de mille œuvres de charité, comme il est dit dans ses diverses biographies, surtout dans celle du xviiie siècle attribuée à sa nièce Marie le Mallier de Chassonville. Le pays, habitué à la voir parcourir les campagnes, la désigne même sous le nom de Mademoiselle du Bois de la Roche dès son enfance jusqu'à sa mort.

Cet *alibi* semble sauter aux yeux de quiconque étudie et médite cette erreur manifeste dont les suites nous paraissent inadmissibles, surtout celle d'offrir au public Mademoiselle Anne Toussainte de Volvire, la nièce, en costume primitif des Dames Budes, vénérable monastère où elle n'a pas pu être supérieure, qu'elle n'a jamais… habité. Tandis qu'il y a des preuves comme quoi elle a pu revêtir l'habit religieux à la Visitation du Colombier, en 1670-71, après s'être formée à l'esprit religieux selon les règles établies dans l' « Introduction à la Vie dévote par saint François de Sales ».

Enfin, le lecteur attentif trouvera dans la Vie de Mademoiselle Anne Toussainte de Volvire, la nièce, que nous nous proposons d'offrir au public, mille autres preuves à l'appui de notre affirmation précédente, ce qui nous dispense de fournir ici d'autres documents.

Avis approbatif.

« J'ai lu avec intérêt (la thèse ci dessus), et je me rends tout à fait aux bonnes raisons qui y sont exposées. Je n'ai pas eu l'idée, en écrivant « les Dames Budes », de rechercher s'il y avait eu une 1ʳᵉ Anne de Volvire, — les dates pouvaient s'y prêter, — et, en effet, il eût été étrange que Anne-Toussainte de Volvire ait été, pendant un séjour assez court aux Dames Budes, nommée Supérieure, et qu'elle ait quitté, sans qu'on l'eut jamais su, le théâtre si humble et si modeste où rayonnait sa vertu.

« Rennes, le 15 janvier 1905.

Le Comte DE PALYS,

« Président de la Société archéologique de l'Ille-et-Vilaine ».

Nous osons espérer, que d'autres, autrement enracinés dans la mauvaise foi, reviendront à la vérité historique.

XII

RÉCIT ET IMPRESSION

Sur Mademoiselle Anne Toussainte de Volvire de Ruffec, par M. Julien Piéedcrrière (1810-1887), curé-doyen de la Trinité-Porhoët.

« Ma grand'mère, dit-il, née et élevée au village de Saint-Guinel, voisin du Bois de la Roche, en Néant, et morte vers 1830, à 95 ans, avait comme les contemporains de Mˡˡᵉ Anne Toussainte de Volvire, cette pieuse et charitable Demoiselle, une telle vénération pour cette héroïque Demoiselle, qu'elle ne tarissait ni d'éloges, ni d'édifiantes légendes en parlant d'elle à ses petits-enfants. Elle disait toujours : « Mademoiselle du Bois de la Roche, comme si le château de ce nom n'avait jamais été habité par d'autres demoiselles que par Mademoiselle Anne-Toussainte de Volvire de Ruffec : celle-ci, à son point de vue, avait éclipsé toutes les autres par son héroïsme. Elle avait été, en effet, non seulement un modèle de toutes les vertus naturelles et surnaturelles, mais surtout une personnification de la Providence, toujours bonne, toujours généreuse et toujours douce envers les pauvres de tout genre dans la contrée. Tous les matins, après ses prières et l'audition de la sainte messe, on la voyait sortir du château avec son panier au bras bien rempli de provisions de toute sorte. Elle connaissait tous les nécessiteux à une grande distance aux alentours. Toutes ses journées étaient remplies d'œuvres de bienfaisance. Souvent elle avait son pain avec elle pour apaiser sa propre faim. Elle ne rentrait contente au château que lorsqu'elle s'était assurée qu'aucun pauvre ne manquait plus du nécessaire, que les petits comme les grands étaient suffisamment vêtus ; les mères de famille pouvaient substanter leurs enfants, les malades étaient soignés et consolés ; que les âmes souffrantes des accidents de la vie étaient devenues calmes, les pécheurs ou les pécheresses n'eussent eu quelque meilleure pensée. Elle pleurait avec ceux qui avaient du chagrin, et un doux baiser de sa part reconfortait les pauvres femmes dont le cœur était saignant. Ses abaissements l'élevaient, surtout ils élevaient ceux qui étaient abattus par la peine. Si elle avait soin de tout le monde, elle semblait s'occuper particulière- ment des fermiers de son père et de tous les em- ployés du château : ceux-ci étaient de la famille ; elle les aimait comme des parents. Aussi, de près comme de loin, elle était bénie de tout le monde ; elle avait tous les cœurs dans son cœur, et les cœurs étaient à elle.

« Cette bien aimée Demoiselle, qui passait en fai- sant le bien, aurait dû ne pas mourir ce semble, et cependant Dieu l'appela à Lui... Oh ! alors, que de regrets ! que de larmes furent versées ! Comme toutes les âmes souffraient de sa perte dans la con- trée ! Quel vide elle y laissa ! et combien consé- quemment son précieux et doux souvenir devait durer dans les générations qui suivirent et qui racontèrent ses innombrables bienfaits, les sym- pathiques amabilités de son bon cœur !...

« Au moment de ses funérailles, les pauvres ses amis préférés, la voulurent porter à son tombeau jusque dans l'église de Néant, à une lieue du châ- teau. Les pompes comme l'étiquette n'avaient rien à y voir ; eux, n'étaient-ils pas ses frères bien- aimés ?...

« Chemin faisant, il ne fallait pas se délasser ; d'ailleurs, le cercueil était léger... Mais la sépar- tion s'accomplissait, s'exécutait trop vite. De temps en temps on s'arrêtait, on déposait la bière à terre. A chaque station on priait, non pour cette âme (celle de Mlle du Bois de la Roche), déjà au ciel, mais pour soi et pour obtenir sa continuelle protection.

« On arriva enfin à un kilomètre du bourg de Néant, le terme arrive... On s'arrête encore, la prière se joint aux larmes, mais les larmes semblent dominer la prière. Les lamentations entendues au château recommencèrent : « Oh! si la bonne Demoiselle daignait ne pas nous oublier ! se disait-on. Si son bon cœur et ses vertus, en la rendant chère à Dieu, pouvaient nous demeurer pour nous soutenir, nous et nos enfants!... »

« On avait posé le précieux corps dans l'endroit le plus sec, le plus beau de la route. Après ce repos, on se releva le cœur gros de souffrances... Mais il fallait se mettre en marche, l'heure fixée était déjà passée, on était conséquemment attendu à l'église, le son funèbre des cloches se faisait entendre... O surprise !... Sous la bière que soulèvent les pauvres, au milieu du chemin, dans un endroit qui ne vit jamais d'eau sortir de la terre, jaillit spontanément une source abondante qui n'a jamais tari. L'admiration et le bonheur se confondirent aux regrets mortels de la séparation. Tout le monde regarda et vit ce prodige ; le doute est impossible. « La charitable Demoiselle sera encore, se dit-on, notre protectrice et notre douce amie au ciel. C'était une « sainte » ici-bas, elle l'est également là-haut, Dieu nous bénisse avec elle ! Demeurons ses enfants, et que cette source devienne la « Fontaine de la Sainte » où nous reviendrons la vénérer, trouver les consolations et les remèdes du corps et de l'âme. »

« Ce qui précède n'est qu'une note des intarissables récits de ma grand'mère ; je l'écris pour mémoire.

« J'apprends, continue-t-il, par une lettre présentement sous mes yeux que, en l'année 1746, une femme de la juridiction du Bois de la Roche avait éprouvé des vexations en l'absence M. le comte. Aussitôt son retour, il prit les informations voulues, fit rendre prompte justice à cette femme : les malfaiteurs subirent la prison. Ce qui prouve que les conseils donnés par mademoiselle du Bois de la Roche avaient leurs effets ou influence sur ses neveux ».

Extrait des papiers de M. J. Piécedetrière, curé de la Trinité-Porhoët.

FIN DES PIÈCES JUSTIFICATIVES

TABLE DES MATIÈRES

NOTICES

Achevée à Kerflisse
sous l'égide de N.-D. de Bon-Garant
le 2 février 1905

BERGERAC

IMPRIMERIE GÉNÉRALE DU SUD-OUEST (J. CASTANET)

Place des Deux-Conils

SE TROUVE :

RENNES :

J. Plihon et L. Hommay, librairie générale,
5, Rue Motte-Fablet.

et

L. Bahon-Rault, imprimeurs-libraires,
17-19, Rue Le Bastard.

VANNES :

Lafolye frères, imprimeurs-libraires,
Places des Lices.

SAINT-BRIEUC :

R. Prud'homme, imprimeur-libraire,
12, Rue Poulain-Corbin.

QUIMPER :

J. Salaün, libraire,
56, Rue Kéréon.

JOSSELIN :

Mademoiselle David, libraire.

PLOERMEL :

Librairie Jean d'Arc,
Rue du Séminaire.

DESACIDIFIE
A SABLÉ - 2009